Z. ~~2285~~ 1248 (Réserve)
  c

Rés Z °461

LES AZOLAINS DE MONSEIgneur Bembo, De la nature D'Amour.

Traduictz d'Italien en Frācoys par Iehan Martin, Secretaire de monseigneur Reuerendissime Cardinal de Lenoncourt, par le commandement DE MONSEIGNEVR, MONSEIGNEVR LE DVC D'ORLEANS.

M. D. XLV.

Imprimé a Paris par Michel de Vascosan, pour luy, & Gilles Corrozet libraires.

Auec priuilege.

LE PRIVILEGE.

La Court apres auoir ueu la requeste a elle presentée par Michel de Vascosan & Gilles Corrozet libraires, & pour les causes contenues en icelle, a permis & permet a iceulx supplyans pouuoir imprimer, faire imprimer & uendre certain liure ou traicté intitulé les Azolains de monseigneur Bēbo, traduictz d'Italien en francoys par Iehan Martin secretaire du Cardinal de Lenoncourt: defendāt a tous imprimeurs libraires & autres de ce ressort d'icelluy liure imprimer & exposer en uente sans l'adueu & consentement d'iceulx supplyans dedans le temps de troys ans prochains, a peine de confiscation des liures qui autrement seroyent imprimez, & d'amende arbitraire. Faict en Parlement le deuxiesme iour de Iuing l'an mil cinq cens quarante cinq.

Mynart.

Berruyer.

A MONSEIGNEVR, MONSEI-
GNEVR LE DVC D'ORLEANS

IEHAN MARTIN SON TRES-
humble & tresobeyssant seruiteur.

MONseigneur, il n'y a pas encores dix
moys, que le bon plaisir de uostre
excellence fut me commander que ie
meisse en francoys le liure des Azolains de monsieur Bembo, traictant
de la nature d'amour. Qui m'estoit, à
la uerité, une charge presque insupportable, tant pour
la grauité de la matiere, pleine pour la pluspart de philosophie morale, & saincte Theologie, que pour la diuersité des rymes, en quoy me treuue peu exercité. Dőt
fault que franchemēt ie confesse, si l'auctorite de ce cōmandement ne m'eust faict croistre le courage, que iamais n'en feusse uenu a bout. Et dy bien, monseigneur,
que cest ouurage requeroit un conducteur plus industrieux que ie ne suis, et qui le sceust myeux enrichir des
belles fleurs de rhetorique pour le rēdre agreable premieremēt a uostre excellence, & puis aux gentilz hommes, dames et damoyselles de ce Royaume: qui l'auront
desormais entre les mains par uostre moyen & liberalité, & en pourront tirer beaucoup de profit, encores
que le langage soit aucunement rude, & peu limé. Mais
puis que tant y a qu'il est acheué, si le bon heur me cōce-
de que luy faciez quelque petite demonstration de fa-

A ij

ueur, ie penseray auoir bien employé ma peine, et en seray par cy apres plus hardy a entreprendre des choses uertueuses & profitables, si elles me sont commandees, ueu que ie ne puis rien de moy mesme, ayant tousiours necessite d'un Apollo qui m'incite & conduyse: pource que i'ay apris de Vitruue, qu'il est plus raisonnable que l'homme se laisse appeller a quelque entreprise, que s'il se presentoit pour y estre employé. Aussi monseigneur i'auroye doute que quelque Aristophanes de ce teps ne me feist hōte cōme l'antique (dōt parle iceluy Vitruue) a quelques presumptueux qui se ozerent presenter pour Poëtes deuant la maieste du Roy Ptolemée son seigneur et maistre. Et pour uous en dire l'histoire, il fault entendre q̄ les Roys d'Asie, autrement dictz Attaliques, stimulez de la grande suauité des lettres, feirēt assembler en la cite de Pergame une librairie excellēte pour la delectation et utilité du commun peuple; a l'imitation desquelz ledict Ptolemee Roy d'Egypte semblablemēt incité de l'amour infiny & du desir tresuertueux qu'il auoit aux artz & sciences, a toute diligence & a grās fraiz en feit faire une pareille en sa uille d'Alexandrie, demonstrant bien la magnificēce de son courage, pource qu'elle ne cedoit aucunement a l'Asiatique. Puis non contēt de cela, s'estudia de l'augmenter: & pour ce faire, consacra des ieux solēnelz aux Muses & au dieu Apollo: & par mesme uoye ordōna ceulx des Athletes & communs escriuains, constituant prix honnorables aux uainqueurs poursuyuās la gloire. Ces ordōnances ainsi faictes, pource qu'il estoit requis que telz ieux se feissent en presence du peuple, il determina d'instituer sept

iuges

iuges doctes & bien entenduz, ayans puiſſance de donner a chaſcun les retributions & honneurs meritées. Et de faict ia en auoit trouué ſix a ſon gré, mais il luy reſtoit le ſeptieſme, dont il ne pouuoit ayſement finer. parquoy commanda auſdictz ſix iuges luy denoncer s'ilz auoyent congnoiſſance d'un lequel y feuſt bien cõuenable. Adoncques par commun accord ilz luy nommerent un certain Ariſtophanes, diſant qu'il ſeroit bon qu'on luy donnaſt la charge de lire curieuſemẽt et diligẽment iour par iour les liures de ceſte librairie, afin qu'il en rapportaſt les ſommaires. Ce qui fut faict de la part du Roy, telement que ledict Ariſtophanes ayant conſommé quelques moys en ceſte lecture, les iours ueindrẽt en quoy ces ieux eſtoient aſſignez: & furent les ſieges ſeparement deleguez aux iuges ſelon les qualitez de leurs perſonnes, & Ariſtophanes aſſis auec eulx au lieu pour luy approprié. Eſtant donc les poetes introduictz au premier ordre de la diſpute, ainſi comme ilz recitoient leurs poeſies, le peuple par ſignes & geſtes de lyeſſe admoneſtoit les iuges de ceulx qui luy eſtoient plus agreables. Et quand les opinions furent demandées a iceulx iuges, ilz dirent tous l'un comme l'autre, ſpecialement ce qu'ilz auoient cogneu auoir delecté la multitude: & ainſi donnerent au premier le premier pris, & au ſecond le ſecond. Mais quãd ce ueint au reng d'Ariſtophanes, & qu'il deuſt rendre ſa ſentence, il profera tout le contraire: & courageuſement ſouſtint que les prix deuoient eſtre donnez a ceulx qui n'auoient en rien ſatisfaict a la tourbe. Dont le Roy et tous les iuges ſe trouuerent grandement offenſez. Quoy uoyant Ari=

A iiij

stophanes, il se leua en piedz, & par prieres affectueuses obtint audience paysible: durãt laquelle il demonstra que ueritablement un de ces recitateurs estoit poete, & que les autres s'estoient seruiz des œuures d'autruy: concluant qu'il estoit besoing exalter les inuentions, non les larrecins manifestes. Lors le peuple s'esmerueillãt de tele audace, & le Roy attendãt posemẽt comme il proueroit ce pillage, Aristophanes se fiant de sa bonne memoire, tira de certains armaires presque une infinité de liures: & conferant les uers & les sentẽces auec ceulx qui auoient esté recitez, il contraingnit les usurpateurs a confesser par leurs bouches le larrecin qu'ilz auoient faict. A l'occasiõ de quoy le Roy cõmanda qu'on procedast cõtre eux cõme contre gens attainctz de ce crime: ce qui fut faict. puis les laissa ignominieusemẽt aller, & usa de liberalité grande enuers ledict Aristophanes, qu'il constitua chef de sa librairie. Ainsi monseigneur pour euiter parcy apres que ie ne tũbe en pareil inconuenient, ie me garderay d'entreprendre chose qui ne me soit commandée: sachant bien que ce ne sera peu faict a moy, si ie puis suyure de loing aucun des aucteurs antiques ou modernes, qui ont par leurs labeurs louables acquis immortalité de nom, sans me diuertir de leurs sentes: ou ie ne craindray me mettre (quelque difficulté qu'il y ait) pourueu que ce soit le plaisir de uostre excellence: a laquelle ie prie le Createur donner en perfaicte prosperité tresbonne & treslongue uie.

PREMIER

PREMIER LIVRE DES AZOLAINS DE MONSEIGNEVR BEMBO.

QVAND une nuyct obscure est agitée de tourbillons & orages, si de fortune quelques nauigateurs se treuuent en la mer molestez de la uiolence des undes, et que par les signes du Ciel ne leur soit loysible iuger quele routte ilz doyuent tenir: leur coustume est d'auoir recours au Quadrã, dont l'ayguille regarde incessammẽt le Nord: afin que cognoißãt le uent qui les tourmente, leurs uoyles & timon ne soyent destourbez de les conduire la part ou ilz ueulẽt tirer, ou que du moins ilz puissent prendre l'adresse qu'ilz uerront plus cõuenable a l'esperãce de leur salut. C'est aussi chose fort agreable a uoyageurs passans un chemin nõ accoustumé, s'ilz arriuent a des trauerses ou la crainte de foruoyer les face arrester, quand de bonne encontre quelque suruenãt bien cõgnoissant le pays, les remect en la droicte uoye, au moyẽ de quoy sans faillir ilz peuuẽt arriuer au logis auãt que la nuyct les surprẽne. Ces occurrẽces q̃ lon uoit iournellemẽt aduenir, me font coniecturer qu'il se treuue peu d'hommes qui n'ayẽt la pluspart du temps besoing de quadran ou

A iiij

directeur, en faisãt le pelerinage de ceste uie, laquelle a tous momens est exposée a une infinite de passions tãt estrãges, q̃ le myeux aduisé ne scait bõnemẽt discerner quele est la plus saine opiniõ entre la multitude des cõtraires q̃ se presẽtẽt, chascune ayãt apparence de uerité: chose qui m'induict a croire que ceulx font tresbon et louable office, qui descriuent aux autres uiateurs leurs infortunes, ou celles d'aultruy, afin que lon se puisse garder de cheoir en inconuenient durant le cours de ceste uie tant perilleux & difficile: car quele œuure entre toutes doit estre plus recommandée, que subuenir a la cõmune utilite? ou quel acte est autãt digne de l'hõme, que pouruoir de remede a plusieurs? Certainemẽt si quelque personnage uiuant en solitude, & fuyant toutes compagnies humaines, est a estimer quand lon ne treuue rien a reprendre sus sa uie: celuy doit estre plus prisé, qui se maintient entre le peuple sans tache digne de reprehension, & d'auantage scait donner des aduertissemens pour obuier aux miseres qui peuuent aduenir. Et n'y a point de doute, que parmy le grand nombre des occasions qui nous rendent ceste Mer mondaine tant dangereuse, & font malaysé le chemin de bien & heureusement uiure: l'une des principales est, que le plus souuent ne scauons discerner quel amour est bon ou
mauuais:

mauuais: l'ignorance dequoy nous engendre des cõ-
fusions merueilleuses, faisant poursuiure maintes
choses que deuerions auoir en horreur, & au contraire detester celles qui sont dignes d'estre suyuies,
uoire iusques a mespriser les unes plus qu'il ne seroit conuenable, & a querir les autres hors les limites de raison. A ceste cause i'ay bien uoulu faire
un petit recueuil de certains propoz cõcernãs ceste
matiere, n'agueres tenuz en la court de la Royne
de Cypre, & a partie desquelz elle mesme uoulut
bien assister, qui furent deduictz en trois iournées
successiues par forme de propositiõs & replicques
entre trois Damoyselles de nostre pays, & trois gẽtilz hommes pareillement noz uoysins, discretz et
modestes en langage: afin que toutes personnes qui
se delecteront a le lire ou escouter, puissent auoir
part au profit que i'en ay faict, lequel (a mon iugement) n'est pas petit. Et combien que mon aage ne
porte que ie me doyue encores entremettre de donner conseil a ceulx qui en peuuent auoir besoing, si
est ce que i'oze bien dire aux ieunes hõmes et dames, qu'ilz ne perdront leur peine en sa lecture: &
les enhorte de ce faire, pource qu'il siet biẽ a toute
personne de lire ou escouter les choses profitables,
principalemẽt ceste cy, consideré que lon ne se peult
garder (a tout le moins une foys en la uie) de mettre

son affectiō plus en une chose qu'en une autre: d'autāt que l'amour est un don ottroyé par le Createur a toutes creatures a l'instant de leur naissance. Parquoy facilement pourra succeder a plusieurs, qu'apres auoir bien entēdu ce q̄ ie propose d'escrire, ilz scaurōt faire election d'amour auant qu'il se soit essayé les soubzmettre a son obeyssance. si leur laisseray ie pour maintenāt a pēser cōbiē ce labeur doit estre agreable: mais quād ilz serōt peruenuz a pl⁹ grāde maturité, facilemēt pourront dire quel profit ie leur auray faist. Cōme dōcques il soit ainsi, qu'en la pluspart des choses humaines l'usage est un souuerain maistre: ainsi en aucunes affections de l'ame, et par especial en celles qui peuuēt apporter autant ou plus d'amertume que de doulceur, cōme la presente: quād on a leu deuāt le coup, ou esté instruict par aultruy, cōment il s'y fault gouuerner: cela rēd maintes gens plus asseurez, et leur est occasiō d'une utilité grāde. Parquoy fault cōfesser, que l'escriture est l'une des plus louables inuētiōs qui oncques ayt esté trouuée, d'autāt que par son moyen nous uoyōs ainsi qu'en un miroer, plusieurs choses passees, lesquelles par autre uoye n'eussent sceu peruenir a nostre cōgnoissance. Et apres que nous en sommes deuenuz plus ruzez, quasi cōme uieulx Pilotes, entrons a moins de difficulté en la mer nō encores frequentée

quentée: ou comme uoyageurs expertz, faisons nouueaux sentiers atrauers ces landes terrestres. Qui plus est, la lecture des choses diuerses apporte tant de recreations, que les bons espritz s'en repaissent, cōme les corps font de uiandes exquises. Mais pour reuenir a mes discours d'amour, a ce que lō en puisse myeux entendre toutes les particularitez ainsi qu'elles furēt deduictes: ie suis d'opiniō, qu'auāt entrer en matiere, il ne sera hors de propos declarer cōmēt et pour quele cause ilz furēt meuz et poursuyuiz. Azolo est un chasteau de plaisance, assis en l'extremite de noz Alpes, sur les frōtieres de la Marche Triuizane, du domaine de la royne de Cypre: auec la famille de laqlle tresillustre et grandemēt honorée en nostre Cite, la miēne n'est seulemēt cōioincte d'amitie priuée, mais q plus est, de parēté. Ceste dame au moys de septēbre dernier estāt allée a ce chasteau pour y passer le tēps, y maria l'une de ses damoyselles, a q elle portoit singulieremēt bōne affection, tāt pour l'auoir norrie de ieunesse, q pour les uertuz, bōne grace, et beaulte, dōt elle estoit entre autres decorée: qui fut occasiō de luy faire appareiller un festin sūptueux le possible: auquel sō plaisir fut semōdre tous les plus apparēs gētilz hōmes des marches circūuoysines auec leurs femmes et parentes. Mais entre autres y furēt priez aucuns grās et notables personnages de nostre Republique: lesquelz de bon cœur obtemperans a son mandemēt furent assez longue espace auec elle, entre musiques, dances, chansons, & bancquetz ordinaires, au grand contentement d'unchascun de la compagnie.

Entre les gentilz hōmes donc qui se trouuerēt a ces nopces, il y en eut trois de nostre uille, beaux, ieunes, adroictz, et de bonne cōuersation: lesquelz des le commencement de leur aage auoyent esté entretenuz a l'exercice des lettres humaines, & assez bien instituez: car encores y employoiēt ilz les bōnes heures quād il leur estoit loysible: qui leur auoit acquis reputation en tous actes uiriles d'estre autāt uertueux qu'il est possible a gentilz hōmes. et a ceste cause furēt les tresbien uenuz entre les dames, ioinct aussi l'antiquité de leur noblesse, et la ualeur de leurs personnes correspondante a la renommée. Si est ce toutesfois qu'ilz s'adonnoient plus souuēt, et a moins de respect, a deuiser auec trois ieunes Damoyselles honnestes & de bonne grace, que auec toutes les autres de la court, tant a cause qu'elles estoient aucunemēt leurs alliées: que pour la grande familiarité qu'ilz auoient de longuemain auec elles & leurs mariz. Ce nonobstant Perotino (ainsi me plaist il nommer l'un d'entr'eulx) ne parloit comme point en cest assemblée, et ne l'auoit on encores ueu
faire

faire aucune demõstration de ioye, ains la pluspart du temps se desroboit des gens, cõme celuy qui auoit le cueur saisy de quelque grosse melancholie: & ne se feust trouué en ce festin sãs les amyables persuasions de ses compagnons, qui le stimulerent a ce faire, afin que par la communication des personnes recreatiues il entr'oubliast partie de sa tristesse. Toutesfois il fault entendre que ie n'ay seulement desguysé le nom de ce gentilhõme, ains en ay faict autant des deux autres, et en pareil des Damoyselles: non a autre fin, que pour oster au populaire les occasions de penser choses moins que honnestes sus l'integrité de la uie & renommée de ces personnages, comme de legier il pourroit faire si ie les specifioye par noms propres: ueu mesmement que ces discours ayant a passer par beaucoup de mains, pourront tũber entre gens de petite ou nulle consideration, qui regardent a toutes heures de mauuais œuil & corrompu les choses saines & entieres.

Pour entrer dõcques au festin de la Royne: Ce pédant que tout y passoit au contétement d'un chascũ, aduint une iournee, q̃ sus la fin d'un disner tousiours bien fourny de bõne uiãde, & personnages cõmodes a donner du passetẽps aux seigneurs et aux dames, ensemble de musique de toutes sortes enrichie de fleurs poetiques: deux ieunes filles se tenant par les mains, en côtenāce bien modeste et asseurée, s'en allerēt presenter au bout de la table de la Royne: et apres les reuerēces ordinaires, la pl' aagée appuyāt côtre sa poictrine un leuth q̃lle tenoit, se prit a faire aucũs passages d'assez agreable harmonie. Puis accordāt sa uoix au son, en chantāt par mesure industrieuse, profera doulcement ces paroles:

 Ieune ay uescu en plaisirs & en ieu,
 D e mes pensers & fortunes contente:
 M ais maintenant Amour tant me tourmente,
 Q u'a tourmenter ne luy reste que peu.
 Las ie pensoye heureuse uie auoir
 L ors qu'en ta court, Amour, fey mon entrée:
 E t i'en attens estre de mort oultrée.
 O foy, comment tu m'as peu deceuoir?
 T ant que Medée a l'amour n'entendit,
 E n Colchos fut gaye, & non langoureuse:
 M ais iusqu'au bout se trouua malheureuse,
 Q uand pour Iason niuement elle ardit.

Incontinent que ceste fille eut acheué sa chanson, la moindre d'aage suyuant le stile de sa compagne, desployant mignonnement sa langue a poursuyure le subgect commencé, luy respondit en ces termes:

 Ieune ay uescu en deuil, criant helas:
 D e ma fortune & de moy desplaisante:
 M ais or Amour tant de biens me presente,

Qu'en

Qu'en moy n'a plus que chansons & soulas.
　　I'eusse iuré, Amour, que te suyuir,
　Feust un heurter sa nef contre une Roche:
　Mais en pensant de dangers faire approche,
　Tranquillité ueint mes maulx assouuir.
　　Auant qu'Amour eust Andromeda pris,
　Iamais n'estoit de deuil abandonnée:
　Mais quand se fut a Perseus donnée,
　Viue eut plaisir: & morte, honneur & pris.

Apres que ces deux filles eurent mis fin a leurs chansons, lesquelles auoient esté bien attentiuement escoutées de toute l'assistance: ainsi comme elles se uouloient retirer, pour donner (parauăture) lieu aux autres esbatemēs: la Royne feit appeller une de ses Damoyselles, singuliere en toute beaulte, & au iugement de tous ceulx qui la ueirēt, de plus uenerable presence qu'aucune qui feust en ces nopces: de qui l'office estoit seruir de coupe quăd elle mēgeoit en sa chambre: & luy commenda chanter quelque chanson des siennes, a l'imitation des precedentes. Pour a quoy obeyr, la belle print une uiole de resonance fort exquise, non sans rougir, uoyant qu'il luy falloit faire preuue de son scauoir deuăt une si grăde assemblee: ce qu'elle n'auoit oncques faict: et cōmēcea ceste chăson par tel art, et nouuelle harmonie, qu'en comparaison de la doulce flamme que ses

PREMIER LIVRE DES

accordz laisserent dedans les cueurs des escoutãs, celle des deux autres filles fut aussi froyde comme des charbons estainctz.

 A mour, ta uertu n'est congneue
 D e la tourbe qui n'entend rien:
 C ar d'ignorance entretenue,
 S uyt son malheur, & fuyt son bien.
 M ais si lon auoit de tes faictz
 B onne & perfaicte congnoissance,
 C omme aux lieux ou luyre tu faiz
 L a lumiere de ton essence:
 L on suyuroit en grand loyauté
 L e chemin bon, heureux, & sage,
 D ont reuiendroient en leur beaulté
 L e siecle d'or, & l'heureux aage.

Cela faict, et approchãt l'heure que la Royne apres auoir pris sõ plaisir a ueoir et ouyr teles choses recreatiues, se souloit retirer en sa chãbre pour dormir, ou faire ce que bõ luy sembloit, afin de passer a son ayse la plus chaulde partie du iour, & donner moyen a ses Damoyselles d'entẽdre a leurs negoces particuliers, iusques a ce q̃ le soir uenu, tẽps fust de s'employer aux autres ioyeusetez ordinaires: pendãt lequel les Dames et gẽtilz hõmes se retiroient en la grãd sale ou le bal se faisoit, auec plusieurs esbatemẽs cõuenables a la court d'une tele Princesse: les chansons

les chansons des deux filles & de la belle damoyselle expirées, mesmes tous autres ieux cessez, la
Royne suyuãt sa coustume, se leua d'être les dames:
& se retira en sa chambre: ce que feirẽt pareillement tous ceulx & celles de la troupe, reserué les
trois Damoyselles dont i'ay cy dessus faict mention:
lesquelles sans y penser demeurerẽt a se promener
& deuiser auec leurs gentilz hommes. Et estãt ceste petite bande portée des piedz & de la parole
iusques aupres d'une gallerie qui estoit a l'un des
boutz de la salle, et auoit ueue sus le Iardin beau p̃
excellẽce: chascun pour satisfaire a son desir, se meit
a en cõtẽpler les singularitez. Et cõme ilz se amu-
soient maintenãt a l'une, et tãtost a l'autre: Gismõdo,
plus recreatif qu'aucun de ses cõpagnõs, et qui uo-
lũtiers faisoit passer le temps aux Dames, se tourna
deuers elles, & deit:

Cõbiẽ q̃ le dormir apres le repas (principalemẽt
enuiron le midy) ne soit bõ ny profitable en aucune
saison de l'annee: si est ce que durant l'Este, pource
q̃ les iours y sont merueilleusemẽt lõgz, il est uolũ-
tiers receu de noz yeux cõme chose tresagreable:
aussi sans point de faulte il y est moins dangereux
qu'en autre tẽps. Mais en ce moys une bonne partie
de sa doulceur se cõmence a passer, et rẽdre de iour
en iour plus pernicieuse a la Nature. A ceste cause si

B

uoſtre plaiſir eſtoit (Meſdamoyſelles) ſuyure mō cōſeil pour ceſte foys, ie ſeroye biē d'aduis que uous et nous deueriōs pour meshuy laiſſer le ſomeil derriere noz courtines, & aller en ce iardin prendre le fraiz, deuiſant de choſes ioyeuſes, pour deceuoir ceſte ennuyeuſe partie du iour, iuſques a ce que l'heure du Bal uenue, il nous faille retirer en la Sale auec les autres, pour faire honneur a la nouuelle mariée.

Le conſeil de Giſmondo pleut merueilleuſement aux damoyſelles, qui ſe delectoiēt plus de l'ūbrage des arbriſſeaux, et d'eſcouter propoz uertueux & honneſtes, que de dormir en lictz de parade, et entēdre les fables des uieilles matrones. Parquoy ſans autre arreſt deuallerēt les degrez, & entrerēt dedans ce iardin plaiſant & delicieux a merueilles. Il eſtoit (entre autres choſes) myparti en quarré par une belle treille de uigne large et umbrageuſe, qui ſeruoit d'allée de toutes pars, et faiſoit tout le tour de la muraille eſtoffée de pierre uiue, eſpoiſſe et de lōgue eſtēdue, ou n'y auoit qu'ne ſeule ouuerture, reſpōdāte ſoubz l'un des boutz de la treille: audeuāt de laquelle ſe trouuoit une haye de geneuriers druz et ſerrez, non excedāt en haulteur la poytrine d'un homme, et au demourāt fort delectable à regarder pour ſa cōtinuelle equalité ſi biē proportionnée, ql n'y auoit que redire. De l'autre coſté, tout du long du

logis

logis de la Royne, y auoit un beau rẽg de Lauriers feuilluz, qui faisoiẽt un demy arc sus l'allée, tãt mignõnemẽt appropriez par le Iardinier, q'l sembloit qu'aucune des feuilles n'osast passer l'ordre cõmandé: & tant comme ilz duroient, lon ne pouoit apperceuoir du mur sinon deux croisees de Marbre blãc, larges et amples, quasi posees au meilliẽ. Desquelles chascun en son seãt pouoit a l'aise ueoir tout le cõtenu du pourpris. Estãt doncqs les damoyselles et leur suyte entrées en ce Iardin par dessoubz la treille q les defendoit du Soleil: ainsi qu'elles alloiẽt contẽplant puis une chose, puis une autre, et traictãt de plusieurs petitz negoces, elles arriuerẽt en un Pré biẽ garny d'herbe, et enrichy de diuerses fleurettes, uariées en couleurs: a l'extremite duquel plusieurs lauriers sans nombre et sans ordre, faisoient deux petitz parquetz esgaulx, sombres et rẽpliz d'une reuerence solitaire, lesquelz entr'eulx donnoient place a une belle fontaine industrieusemẽt canée en la roche uiue estãt au pied de la mõtagne, q fermoit le Iardin de l'ũ des costez, et en sortoit une petite ueine d'eau claire comme crystallin : laquelle tumbant en un canal de Marbre, atrauers la Prarie, rẽdoit un murmure fort plaisãt aux oreilles delicates. Puis quasi toute couuerte d'herbe puenue sus ses riuages, s'en alloit ẽroser toutes les parties du iardĩ

B ij

Ce Paradis terrestre contêta merueilleusemēt la neue des Damoyselles: et apres que chascune en eut dict sa sentence: Berenice (d'un bien peu plus aagée que les deux autres, q̄ pour ceste raison luy portoiēt hōneur et reuerēce) s'adressant a Messire Gismondo, luy deit en ceste maniere:

Nous auons (certes) bien failly, que ne sommes icy uenues tous ces iours passez: car le tēps auquel n'a fallu faire la court a la Royne, ou estre aupres de l'espousee, y eust esté mieulx employé, que a demourer oysiuemēt en noz chābres. Mais puis qu'ainsi est q̄ nous nous y trouuōs a ceste heure, plus par uostre cōduicte, q̄ la nostre: la raison ueult (ce me semble) que uous ordōnez un lieu pour cōfabuler a repoz, puis que le Soleil par enuie nous empesche la fruition des autres particularitez de ce beau pourpris.

Lors Gismondo luy respondit:

Mon opinion seroit (Madamoyselle) si uous & uoz compagnes la trouuiez bōne, que ne deurions esloigner ceste belle fontaine, pource que a l'enuirō l'herbe y est uerdoyāte et drue, les fleurs plus odorātes & suaues qu'en autre endroict: & qui plus est, ces arbrisseaux nous ferōt telles courtines a l'écontre du soleil, que pour puissance quil ayt, meshuy ne nous pourra causer fascherie. Adonc Berenice replicqua: Reposons nous doncques icy: et pour ne

faillir

faillir a obseruer uoz ordonnances de poinct en poinct: maintenãt que le murmure du cours de ceste eau nous conuie a mettre propoz en auant, & que l'horreur de cest umbrage nous preste audiéce entétiue: deliberez de quelle matiere nous traicterõs: & uous serez bien obey, ueu que nous ayant conduictes en ce beau lieu, uous meritez auoir l'arbitrage de noz confabulations & deuises.

Ces paroles dictes, & approuées par ses deux compagnes, qui semblablemẽt le prierẽt de parler, il se print a leur replicquer:

Puis qu'il uous plaist me donner telle superintẽdence, ie l'accepte de bien bon cueur, et uous en mercie autãt qu'il m'est possible. Lors faisant asseoir la compagnie sus l'herbe deca et dela du Canal, tout a l'entour de la fontaine, soubz les umbrages des Lauriers, il choysit une place pour soy: & regardãt modestemẽt les damoyselles, proposa ce que sensuyt:

Chascun de nous peult auoir entendu les chansõs q̃ les deux filles et la belle damoyselle ont chãtées a l'yssue du disner de la Royne, deux louãt Amour, & l'autre le blasmant. Mais pour ce que ie pẽse estre asseuré que quiconque se lamẽte de luy, ou en parle autremẽt qu'apoict, ne cõgnoist la sublimite de son essence, ny la nature des choses, 'ains fouruoye trop lourdement du droict chemin de uerite, s'il y a personne en ceste assemblée qui ueuille maintenir l'opinion de la premiere fille disant qu'Amour n'est chose bonne: ie ueuil & appoincte qu'il allegue ses raisons : & ie luy satisferay, de sorte qu'en recognoissant son erreur, il aura hõte de soy mesme. Voyla mesdamoyselles quel sera le subgect de noz deuises, si uous ne uoulez cõtreuenir a l'authorite que liberalement m'auez donnée.

Les damoyselles furẽt de primeface esbahyes de ceste proposition, principalement Berenice: et quasi se repétoiẽt en leurs courages de luy auoir dõné ceste preeminẽce. Toutesfois quãd elles uindrẽt a cõsiderer que nonobstãt son ieune aage, disposé a l'amour, il ne parloit iamais qu'en toute modestie et hõnestete: elles prindrẽt quelq̃ asseurance, et se meirẽt a soubzrire, iugeant a ses paroles qu'il ne taschoit sinon a poindre la taciturnite melãcholique du seigneur Perotino, et le prouocquer a dispute: pource q̃ quãd il parloit des faictz d'Amour, tous ses propoz tournoiẽt en mal. Mais ueoyãt q̃l ne s'en esmouuoit, & que personne aussi n'en uouloit entamer la parole, il recommencea de le stimuler en ceste sorte:

Ie ne suis esbahy (Mesdamoyselles) que uous ne dictes pas un mot: car mõ opiniõ me iuge que plustost uouldriez exalter Amour, q̃ luy procurer hõte ou uitupere, ueu qu'il ne uous feit iamais offense: et
quand

quãd ores il l'auroit faicte, hõnefte uergõgne, touſiours louable en uoſtre ſexe, deueroit appaizer le
courroux. Si eſt ce que chaſcũ a liberte d'en dire ce
que bon luy ſemble. Parquoy ie m'eſtõne de mes cõ
pagnons, leſquelz (a tout le moins) par maniere de
paſſetẽps deueroiẽt faire quelq̃ inuectiue cõtre luy,
encores qu'ilz l'adorẽt en leur pẽſée, afin qu'une tãt
belle matiere feut ce iourd'huy decidée entre nous.
Toutesfois ie ne ueuil inferer que tous deux ſe doy-
uẽt bãder cõtre moy, mais un ſeulemẽt, qui par opinion deprauée, repute Amour pernicieux, & n'oze
en uoz preſences dire ce qu'il en pẽſe. A ces motz
Perotino troublé, comme il apparut en ſon uiſage,
ne pouãt plus endurer ces attainctes, rompit ſon ſi-
lẽce, en diſant: Ie ſens bien, meſſire Giſmondo, que
uous irritez au cõbat celuy q̃ ſe cõfeſſe trop debile
pour ſi peſant fayx. Et me ſemble qu'il ſeroit plus
raiſonnable de mectre les damoyſelles Lauinello et
moy en paſſage moins penible, & ou il y euſt plus
de recreation. Adõc Giſmõdo, et Lauinello q̃ eſtoit
le tiers cõpagnon, tenterent par pluſieurs moyẽs de
l'induire a parler de ceſte matiere: mais il n'y uouloit entẽdre, et obſtinemẽt perſeueroit en ſa taciturnite. Quoy ueoyãt les damoyſelles, toutes trois le cõ-
mẽcerẽt a requerir qu'il en uouluſt dire quelq̃ choſe, pour l'amour de la compagnie, & ſpecialement

B iiij

d'entr'elles. Et tāt le menerent par doulces paroles maintenant l'une, & tātoſt l'autre, que finablemēt uaincu de leurs prieres, il ſe print a dire ainſi:

La reuerence que ie doy a uoz commandemens (mes damoyſelles) ſoit uictorieuſe en ceſt endroict, et nō l'induction de meſſire Giſmondo: lequel propoſant matiere plus agreable que la preſente, pouuoit a ſon hōneur eſiouyr uous & nous enſemble: ou auec ſa uergōgne et confuſion grāde, il nous rēdra tous combles de melancholie: car uous ne ſcauriez ouyr de moy choſes qui ſoyēt recreatiues: mais pour ſa part i'eſpere luy dōner ce qu'il ne cherche, ueu qu'en querāt occaſion de me faire traicter ceſte matiere, il ne nous priue ſeulement de bon ſubgect, ains ameyne certains moyens de meſdire d'Amour, plus parauanture que ne penſez. Parquoy quand il aura gouſté mes raiſons, ie me perſuade qu'il ſe trouuera en erreur, et nō pas moy. Puis, s'il n'a perdu toute modeſtie, il ſe deſiſtera de prendre les armes cōtre la uerite. Toutesfoys quād il auroit l'audace de ce faire, il ne ſcaura de quoy ſ'armer: car il ne trouuera choſe dont il ſe puiſſe ayder.

La deſſus reſpondit meſſire Giſmōdo: Armé ou deſarmé q̃ ie ſoye, i'en ueuil a uous maintenant ſeigneur Perotino, q eſtes un peu trop eſgaré, de croyre q̃ ie ne puiſſe trouuer armes cōtre uous: la ou ie ne

ſcauroye

sçauroye prēdre chose tant soit petite, qu'elle ne soit plus que suffisante pour uous renger a la raison. Mais armez uous de uostre costé: car il ne me sembleroit auoir faict q'une coruée, si ie uous surmontoye ainsi desnué comme uous estes.

Les Damoyselles se meirēt a rire de biē bō cueur, ueoyant ces deux chāpions tant animez a la bataille. Puis Lisa l'une d'elles (qu'il me plaist ainsi nommer) iugeāt que Lauinello pēsif euitoit les occasions d'entrer en ce cōbat, soubzryāt se print a luy dire:

Ce uous pourra bien estre honte (mon gētilhomme) si ueoyant uoz compagnons en affaire, uous tenez les mains a la ceincture. Il est raisonnable que soyez de la partie. Adonc Lauinello ioyeux en uisage, luy feit ceste responseːIe ne sçauroye, madamoyselle, entrer en ce camp clos, que ie n'en eusse blasme & reproche, cōsideré que mes cōpagnons (comme uous auez ueu) se sont deffiez teste a teste. Et n'y auroit point de raison, que prenant le party de l'un, ie rendisse l'autre defendeur contre deux assaillans.

Vostre excuse n'est suffisante, messire Lauinello, respōdirēt les Damoyselles quasi toutes a une uoix. Puis Lisa, s'estant les autres appaisées, poursuyuit en ceste maniere:

Ceste palliation ne seruira de riē pour uous gar-

der de prẽdre les armes: car ce n'eſt icy combat ou
ſe doyue obſeruer ce que uous dictes, que deux ne
ſe mettent cõtre un.Il ne meurt perſonne en ſi doulces batailles.parquoy entrez y hardiment,& uous
attachez a ce que bon uous ſemblera. Lors Lauinello par ioyeuſete luy ua dire:Vous auez tort Madamoyſelle. Et ſe tournant aux autres deux,ſubioi-
gnit en ceſte maniere:

Veoyant que uous eſtiez entêtiues au combat de
ces deux gentilz hõmes, i'eſtoye biẽ ayſe d'eſtre en
repos:et n'euſſe iamais penſé que deuſſiez tourner
uoz fantaſies ſur moy,pour me faire êtremettre de
ceſte querelle. Mais puis qu'il n'a pleu a Liſa, que ie
ſoye demouré en paix: aſin que mes cõpagnons ne
ſe puiſſent plaindre de moy, ie les laiſſeray cõteſter
a leur uolunte : & quand ilz laiſſeront la meslée,
ie feray comme les maiſtres d'Eſcrime, qui ſe reſer-
uent pour les derniers aſſaulx. Car ou l'un de ces
deux Soldatz aura poſé les armes,ie feray tous
mes effortz de ſatisfaire a uoz deſirs.

Cela dict & reſpondu au contentement de toute la compagnie,Perotino cõme ſortãt d'un profond
pẽſer,leua les yeulx deuers les damoyſelles,et deit:

Prenne meſſire Giſmondo ce qu'il gaignera en ce
rencõtre. Et puis qu'il a rompu la chauſée,ne ſe re-
pente ſ'il tũbe une rauine d'eau ſur luy,plus impe-
tueuſe

tueuse qu'il ne uouldroit, mesmes si contre ce qu'il presuppose, noz iugemẽs uiennẽt a condescẽdre auec mon opiniõ: Car nonobstãt que ie ne me sente auoir assez force d'eloquẽce pour impugner ce faulx Amour, dõmage uniuersel des hõmes, et uergongne generale de toute la nature humaine: moy qui suis seul de ma partie, & merueilleusemẽt debile pour porter un si gros fardeau, que tous les meilleurs orateurs qui uiuent, ne sçauroiẽt manier au deuoir: si est ce (puis que force m'est de m'en acquiter) que le peu que i'en diray, semblera (parauanture) excessif a ma partie aduerse, qui se persuade le contraire. Toutesfois ceste narration pourra cy apres estre biẽ cõmode a uous, mesdamoyselles, qui estes en fleur d'aage: consideré que par icelle uous congnoistrez en partie la qualité de ceste oultrageuse beste: & uous pourrez garder de ses assaulx. Cela dict, il feit une petite pause: & moderant sa uoix harmonieuse, donna tel commencement a ses discours.

Il est certain (mesdamoyselles) qu'Amour ne fut oncques filz de Venº, engẽdré de Mars, Vulcã, Mercure, ou autre Dieu, quelque chose qu'en escriuẽt les Poetes, discordans en leurs resueries: car ilz l'attribuẽt a diuerses deitez: cõme si un enfãt pouoit naistre de plusieurs meres. ains se forme dedans noz fantasies par lasciuité & paresse, qui sont ses progeniteurs roturiers, et nõ de noble race. Or ce premier enfantement de malice, est receu de noz uolũtez, qui en sont les matrones, lesquelles apres l'auoir emmailloté d'esperances incertaines, l'allaictẽt de friuoles pensemens, qui est une substãce reuenãt en augmẽtatiõ tãt plus elle est sussée par cest enfãt alouuy, & tousiours alteré. Chose qui en peu de tẽps luy cause une telle croyssance, qu'a peine peult il demourer en ses drapeaux. Et cõbien que aucuns iours apres sa natiuite il se monstre doulx & traictable a ses norrisses, il se ua petit a petit transformant, & changeant de conditions, en maniere que lon en pert toute congnoissance. mais quelque forme qu'il retienne, tous ses actes sont pleins de fiel & amer: duquel effect luy imposa le nom quicõque en fut le premier Parrain, afin de le faire fuyr aux hõmes, les aduisant par son tiltre, quelle chose ce peult estre. A la uerite (mesdamoyselles) toute personne qui le suyt, n'en recoit qu'amertume pour salaire. Aussi ne peult elle meriter autre bien: n'y en tirer plus digne recompense: cõsideré qu'il ne scauroit payer ses seruiteurs que de la mõnoye de ses coffres: pour laquelle distribuer, il meyne beaucoup de payeurs a sa suyte: lesquelz en font largesse excessiue, specialemẽt a ceulx qui de plaine arriuee mettẽt eulx et leur liberte es mains de ce tyran seducteur. Par ainsi

ainſi les hōmes n'ont cauſe de ſe plaindre, ſi en aymant ilz ſont a tous repas ſubſtantez de uiandes ameres, et agitez de perturbations innumerables: car cela n'eſt que l'ordinaire, q ne leur ſcauroit faillir, pourueu qu'ilz ayment tant ſeulemēt: qui eſt le poinct unique dont ilz ſe doyuent lamenter, d'autāt que nul ne peult aymer ſans amer: & que lon ne ſcauroit gouſter amertume, que par le moyē de ceſt amour.

Sur ce poinct Madamoyſelle Berenice recueuillant ſongneuſement les paroles, replicqua:

Seigneur Perotino prenez garde a ce que uous dictes: car oultre ce que (ſelon mō iugemēt) uous donnez courage a meſſire Giſmondo de replicquer a uoſtre propoſition, il ne ſera (peult eſtre) mal cōuenable a entre nous femmes d'obgecter les choſes qui ſembleront extrauagantes, a tout le moins ſ'il eſt loyſible nous entremettre de uoz diſputes: en quoy de ma part ne uouldroye attēter, afin de n'eſtre eſtimee indiſcrete et arrogante. A quoy meſſire Giſmondo reſpondit:

Vous ny uoz cōpagnes, Madamoyſelle, ne ſcauriez entre nous acquerir reputation ſi mauuaiſe, uous interpoſant a noz deuiſes, puis que tous ſommes en ce lieu pour ceſt effect. Parquoy chaſcune die ce que bon luy ſemblera: car ceſte matiere n'eſt plus noſtre conteſtation, qu'elle peult eſtre uoſtre interlocutoire. Sur quoy la Damoyſelle reprenant ſa parole deit:

Ie puis doncques bien faire la uoye a mes compagnes. Et ſe tournant deuers Perotino, pourſuyuit en ceſte maniere.

Si uous euſſiez ſeulement dict que lon ne peult aymer ſans amer, ie n'euſſe uſé de contradiction, ny pris la hardieſſe de parler deuant meſſire Giſmondo. mais ayant adiouſté, que lon ne peult gouſter amertume, qu'en aymant: cela ne me ſemble tolerable, pource que par meſme moyen pourriez dire que toute douleur ne procede que d'Amour. ou ie n'ay pas bien entédu ce que uous auez propoſé.

Si auez certes Madamoyſelle, reſpondit Perotino: car i'ay proprement dict ce que uous reſumez, aſcauoir que la uie des poures humains n'eſt affligée d'aucune eſpece de tourmét, qu'amour n'en ſoit la ſeule occaſió: car tout mal deriue de luy cóme le ruyſſeau faict de la fontaine : ce que la nature des choſes diligemment examinee, peult rendre apparent & manifeſte. La raiſon eſt, que tous biens & maulx qui peuuent apporter plaiſir ou triſteſſe, ne ſont ſinon de trois qualitez: aſcauoir de l'ame : du corps : & de la fortune. Et pource que des bonnes

choſes

choses ne scauroit proceder fascherie, ie ueuil presentement deduire trois especes de mal, qu'amour apporte. Les maladies, qui nous consommēt: poureté non accoustumée: auec nostre malice ou ignorance : & tous autres inconueniens qui en dependent, dont la multitude est infinye, nous causent douleurs plus ou moins grieues, selon qu'elles sont uiolentes, & que nous sommes imbecilles a resister. Ce qui n'aduiendroit aucunement, si nous n'aymions leurs contraires: comme quand le corps se deult, estant molesté de quelque inconuenient de maladie: cela ne prouient sinon de ce qu'il ayme sa sante. Et s'il ne l'aymoit, ia ne seroit possible l'en ouyr plaindre, non plus qu'ne souche, ou une pierre. Si doncques nous desplaisons a nous mesmes, estant precipitez de hault estat en basse & miserable fortune: l'amour des richesses, honneurs, & autres uanitez, qui par longue accoustumance, ou deprauation de iugement, s'enracine en noz pensées, en est la cause principale. Et pour le prouuer, s'il se trouuoit un personnage qui n'en feit estime, a l'imitation de ce Philosophe, lequel a la prise de la uille dont il estoit habitant, ne se soucia de sauuer aucuns meubles, disant qu'il portoit toutes ses richesses auec soy: tel a la uerite ne sentiroit perturbation en son courage par les cuyſans ieux de fortune. Mais par inclinatiõ naturelle, toute perſonne en ſon affection ſecrete deſire eſtre decorée de dons de grace, & principalement d'intelligence: au default deſquelz elle ſe contriſte de ſon imbecillité, comme de choſe reprouuable. Toutesfois ſi lon me diſoit qu'il s'en pourroit trouuer de tant diſſoluz et offuſquez de leur eſprit, qu'ilz ne ſe uouldroient alaſoys repentir de leur uie deſordonnée: ie diroye qu'ilz auroiẽt faulte de bonne congnoiſſance, & ſeroient pleins d'obſtination pernicieuſe, priuez de l'uſage de raiſon, et ne ſe ſoucyroiẽt, tant ſoit peu, de bien et honneſtement uiure: ains, qui pis eſt, n'en daigneroient chercher les moyens, non plus que beſtes inſenſées, chaſcune deſquelles en ſon eſpece ayme ſes petitz pendãt qu'ilz ſont ieunes, et encores ſoubz tutele: car ſi par aucun accident l'un d'iceulx uient a mourir, ou leur eſt rauy de force ou d'ẽblee, les peres et meres font demonſtratiõ d'une merueilleuſe triſteſſe: mais depuis qu'ilz ſont percreuz, & ſe peuuent pourchaſſer, encores qu'elles en ueoyent prendre et tuer deuant leurs yeux, elles n'en ſont en rien paſſionnées, pourtant que leur premiere affection eſt ia eſtaincte. Dõt fault conclure, que comme un ruyſſeau deriue de ſa ſource, ainſi toute douleur prouiẽt de quelque amour. Et comme le fleuue ne ſcauroit

conſiſter

consister sans fontaine, pareillement est necessaire qu'il soit uray ce que uous madamoyselle auez recueuilly de ma proposition, ascauoir que d'amour procede toute amertume: laquelle n'est autre chose que passion de l'Ame, uenãt de quelque sinistre accidẽt. Parquoy ie conferme et appreuue uostre dicte resumption, disant de rechef, qu'il ne peult aduenir fascherie aux uiuans, sinon par le moyen d'amour.

Berenice lors estonnée de ces paroles, ne replicquoit aucune chose, ains y pensoit attẽtiuemẽt, quãd messire Gismondo hochant la teste, reprint la parole, et ua dire. Par la seule amertume de uostre argument uous auriez auiourd'huy (seigneur Perotino) rendu fade et de mauuaise grace l'extreme suauite d'amour, si toutes les parties uous en estoient concedées sans aucune contradiction. Mais pource que de ma part ie n'entens y consentir: quand la cõmodite de replicquer me sera offerte, i'espere bien r'adoulcir ceste estrãge amertume. Toutesfoys pour ceste heure seulement uous supplieray nous faire apparoir si la seconde partie de uostre argumẽt est ueritable, en laquelle mettez en auant que lon ne peult aymer sans amer.

I'estoye sus ces termes (respondit Perotino) & a mon iugemẽt le puis prouuer biẽ a l'ayse, uoyre par inductiõs assez sommaires, allegãt sans plus ce dõt

C

chascun de nous faict iournellemét experiéce: mais pource que m'auez attraict en ceste côtétion, ie suis d'aduis qu'elle soit decidee bien au long. dont pour y commencer, fault que ie uous dye, qu'entre toutes les perturbations de l'ame, il n'en est point qui tant soit uiolente, grieue, & moins supportable, ny qui tant abestisse noz entendemens, que amour. Et qu'ainsi soit, les autheurs antiques & modernes qui ont escript de sa nature, aucunefois l'ont nommé feu, pource que côme la flamme dissipe toutes choses, ainsi amour nous destruict & consomme. Pareillement l'ont appellé fureur, uoulans faire comparaison des amoureux, a gens agitez de furies, comme Aiax, Horestes, & plusieurs autres. Puis pour auoir trouué par longue espreuue qu'il n'est en ce Monde misere plus apparente que d'aymer, ilz ont doué nostre sensualite d'ardeur & de furie comme de choses propres & possessiues: tellement qu'en tous leurs narrez uous n'y trouuerez sinon Amoureux miserable, Amoureux forcené, & semblables tiltres. Mais uous ny trouuerez iamais qu'amour soit dict affable, gracieux, humain, et autres synonymes semblables: ains au contraire, felon, cruel, superbe, meurdrier, et assez d'autres de ceste merque. D'auátage lesdictz autheurs en tous leurs traictez parlans des effectz d'Amour, ne descriuent

uent sinon douleurs, infortunes, & mortz ignomi-
nieuses, si biẽ que les uers de certains Poetes ne son-
nent que larmes et gemissemens, et les œuures toutes entieres d'aucũs autres: mesmes leur encre, leur
papier, & la couuerture des liures, ne representent
qu'ne fournaise embrasée: & n'est pas iusques aux
chansons & uaudeuilles, qui n'expriment les suspi-
cions, haynes, rancunes, iniures & detestations, qui
en la suyte d'amour ne sont que Roses & fleurettes. Qui pourroit doncques sans fremir & pleurer
entẽdre les desesperãces, reuoltes, uẽgeances, empri-
sonnemens, blessures, & meurdres odieux dõt il est
chascũ iour motif? Certainemẽt les cõmunes fictiõs
des Poetes, et celles qui sont escriptes pour nostre do
ctrine, ne ueulẽt persuader autre chose. Les histoires semblablemẽt et les annales en sont toutes pleines. Et pour ne rememorer la pitie des malheureuses amours de Pyramus et Thysbe, aussi les ardeurs illicites de Myrrha, et de Biblis: mesmes pour
ne nous amuser au recit des lõgues erreurs de Me-
dee, & taire leurs piteuses fins, lesquelles bien que
ne soyent ueritables, si ne sont elles inuentées fors
pour nous faire congnoistre, que telz peuuent e-
stre les accidentz de ceulx qui tumbent en ceste
frenaisie. Ce que tesmoigne l'infortune de Paule
& de Francoyse, qui au meilleu de leur plaisir

C ij

furent trespercez d'une mesme espée, ainsi qu'ilz auoyent esté frappez d'un amour reciproque. Pensez uous Mesdamoyselles, que les historiographes escriuēt des bourdes disant que l'amour de Tarquin a Lucrece, fut cause de l'expulser de son royaume, & le faire mourir en exil? Estimez uous aussi que ce soit fable de dire que les estincelles d'un Troyen & d'une Grecque feirent mettre en feu & en cendre la pluspart de l'Asie, & de l'Europe? Ie passe mille autres exemples que chascune de uous peult auoir leuz en plusieurs escriptures antiques et modernes. Mais par le peu que i'en ay dict, manifestement peult apparoir qu'amour n'apporte que larmes & gemissemens. Mesmes quil n'est seulement occasion de mortz particulieres, ains de la ruyne et desolation des sieges antiques, des triumphātes republiques, & consequemment des prouinces. Voyla Mesdamoyselles ses beaux gestes, uoyla les plaisans commentaires qu'il laisse pour donner matiere aux escriuains. Considerez doncques messire Gismōdo, que uous entreprenant persuader qu'amour est une bonne chose, par mesme moyen improuuez mille bons autheurs, qui en parlent cōme de la plus pernicieuse que lon scauroit imaginer.

Le seigneur Perotino ayāt ainsi faict ce discours, Lisa, laquelle en escoutant se reposoit la main cōtre

sa

roue, & le bras appuyé sus le bord de la fontaine, s'eſtant leuée en ſon ſeant, ſe print a replicquer en ceſte ſorte:

Seigneur Perotino, quand il ſera tẽps que meſsire Giſmondo uous reſponde, il prendra (ſi bon luy ſemble) garde aux autheurs qu'il deuera confuter: mais ce pendant ie uous ueuil bien ſupplier me dire, ſi l'amour eſt occaſion de tant de maulx, pourquoy eſt ce que les hõmes l'ont faict dieu? De ma part ie pẽſe autresfoys auoir leu qu'ilz commãdent l'adorer, et que lon conſacre des autelz en ſa reuerẽce, uoire qu'on luy adreſſe ueux, offrandes, et oblatiõs. D'auantage luy donnent des aeſles pour uoller du ciel en terre: & infiniés autres particularitez, que ie delaiſſe pour cauſe de brieueté. Or quiconque faict mal, n'eſt point Dieu: car qui eſt dieu, ne peult forfaire. Dictes moy doncques (s'il uous plaiſt) cõment cela ſe doit entendre: et uous ferez plaiſir auſsi bien cõme a moy, a Meſdamoyſelles Berenice et Sabinette, qui peuuent eſtre en pareil doubte. Et pour ne uous celler a quelle fin ie faiz ceſte demande, c'eſt pource que ie ne me trouuay oncques en lieu ou i'en peuſſe eſtre auſsi bien ſatisfaicte, comme ie pourray eſtre en ceſtuy cy. Les deux autres damoyſelles s'eſtant adioinctes a celle requeſte, et affermãt que cela leur ſeroit fort agreable, furẽt cauſe que Pero-

C iij

tino apres un brief silēce respōdit en ceste maniere:

Au temps que les hommes encores rudes et sauuages ne conuersoient politiquement ensemble, les Poetes premiers instituteurs de Ciuilite, stimulez par nature, qui leur auoit donné l'entendemēt capable des choses uertueuses et utiles, trouuerēt la mesure de uers, et l'industrie de les chāter. en quoy faisant, ilz adoulcissoient la rudesse de ces personnages, qui sortās des forestz et cauernes, alloiēt errāt a l'aduenture, et menant uie toute brutale, sans considerer a quelle fin ilz estoient procreez susceptibles de raison. Ces premiers Musiciens doncques ne chanterēt lōguemēt leurs chāsons, qu'ilz n'attirassent par la suauite d'icelles, ces poures ignorans, lesquelz se rauissoiēt de la merueille. Et ne fut iamais la harpe d'Orpheus (au son de laquelle on dict cōmunement que les animaux insensez abandonnoiēt leurs repaires, les arbres leurs forestz, ou terres naturelles, les pierres leurs mōtaignes et rochiers: mesmes les fleuues ou ruysseaux en arrestoient leur cours accoustumé) autre chose, que la uoix d'un de ces premiers chantres, apres lequel couroient ces ydiotz uiuās au boys, ou dedans les cauernes des Roches, ou sur les riuages des riuieres, sans scauoir a quoy ny comment. Mais quād les tourbes populaires se furent par tel moyen assemblees, il fut besoing

ausdictz

ausdictz poetes leur enseigner la maniere de uiure en communaulte, & faire entendre la qualite des choses, afin que suyuāt les bōnes, ilz se desistassent des mauuaises. Toutesfois la grādesse de Nature ne se pouoit encores inserer dedans leurs sottes fantasies, ny raison entrer en leurs testes: parquoy fallut que lesdictz Poetes inuentassēt les fables, soubz la couuerture desquelles estoit cachee la uerite, cōme soubz un uerre transparent: et qu'ilz delectassent iournellemēt leurs auditeurs par la nouueaulte des fictiōs: puis apres la descouurissent, tantost par une uoye, et tātost par une autre. En quoy faisant, petit a petit les rengerēt a uie plus modeste. Durāt ce tēps doncques, Mesdamoyselles, que le Monde tout neuf, auoit ses habitans ainsi grossiers et champestres, Amour fut faict dieu, auec plusieurs autres, seulement pour demonstrer a ce peuple ignorant (soubz titire de diuinité) combien ceste passion a de force sur noz affections humaines. Et a la uerite qui uouldroit bien considerer sa puissance, il uerroit une infinite de ces miracles tourner a nostre grand preiudice : qui pourroit faire cesser les occasions d'enquerir pourquoy il fut deifié. Et pour en specifier aucunes, n'est ce pas un estrāge cas de faire uiure plusieurs personnages en continuelle ardeur, comme les Salamandres? & d'autres despouillez

C iiij

de chaleur naturelle, en froideur accidentale comme de neiges ou glacons? L'un fondre au feu comme la cire, & l'autre deuenir muet, immobile, & fans refpiration comme une fouche, ou une pierre? Qui plus eft, il en faict aucuns uiure fans cueurs, apres les auoir baillez en proye a femmes cruelles comme Harpyes, qui a toutes heures en font mille morceaux. Aucunesfoys aufsi quãd bon luy femble, il en transforme en fontaines, arbres, roches, & beftes furieufes, ou par tourbillons de foufpirs enlieue les plus legiers iufques aux nues, en dangier continuel de mortelle ruyne. Mais le pis que ie y ueoye, eft qu'il en contrainct grand nombre d'habiter au centre de la terre, en la tenebrofite des abyfmes. Toutesfoys fi uous me demandiez, commẽt ie fcay toutes ces chofes, ie refponderoye que c'eft par en auoir faict uraye & entiere experience. Mais tout cela eft moins que rien, eu regard aux calamitez dont a toutes heures il bat & afflige fes fubgectz par mutineries, diffenfions, & controuerfes. Qui ne les eftimera doncques malheureux plus que toutes autres efpeces de gens, confideré qu'en un moment on les ueoit ioyeux & marriz, de forte que fouuentesfois ilz ryent & pleurent tout enfemble? Qui ne s'eftonneroit aufsi de les ueoir couars & hardiz, rougiffans par extreme

couuoytife

couuoytise, quand ilz sont rempliz de fureur, puis pallissans comme choses mortes par crainte d'offenser ou perdre celles qu'ilz aymēt plus qu'eux mesmes? Certainement c'est chose merueilleuse de les ueoir tantost humbles, tantost orgueilleux: maintenant attrempez, & soudain cheoir en inconstance. Puis estre en guerre, & tout incontinent en paix. Croyez Mesdamoyselles que ces choses engendrent en leurs cerueaux une estrange confusion. Et en ces entrefaictes aduiēt la pluspart du temps que leurs langues ne peuuēt exprimer la conception de leurs pensées: mais les uisages donnent a congnoistre que les cueurs appetent uengeance, ou mercy: Car les poures langoreux sont continuellement entre espoir & desesperāce, cherchans la uie, et embrassans la mort: en quoy faisant ilz donnent lieu en leurs courages a deux passions toutes contraires. Ce que lon ne ueoit aduenir a aucune autre condition de uiuans. Mais tous ces maulx procedent de ce qu'ilz se transportēt si lourdement, qu'ilz n'ont ny cueur ny cerueau qui n'en soyēt abestiz & pertroublez. Chose qui peult induire a croire l'opinion d'un Philosophe disant que chascun des humains a deux ames, l'une pour uouloir, & l'autre pour repugner: d'autant qu'il ne sembleroit possible, qu'ne seule ame, estant substance pure & simple, peust en un mesme instant consentir & dissentir. Ce neantmoins toutes ces merueilles se treuuent en la suyte d'amour, & specialement la derniere, qui est querir la uie, & embrasser la mort: car elle aduient plus souuët que aucune des autres: & entre la dissonance des grieues lamentations se faict sentir comme une corde chanterelle, propre & cōuenable a tous amoureux infortunez, ueu qu'en poursuyuant leurs delices, qu'ilz estiment hereditaires: quant ilz s'en treuuent depossedez, ilz essayent malheureusement d'exterminer leurs uies par quelques occultes inuentions de cruaulte. Qui me pourra doncques nyer, que tous les uassaulx de cest Amour ne soient subgectz a forcennerie, quand pour une chose de si peu d'importance, ilz se precipitent d'eulx mesmes a tant enorme & miserable fin? Il ne se trouuera point certes homme tant impudent, qu'il oze maintenir le contraire, n'estoit un de ceulx qui sont entachez de sa rage: lesquelz chascun iour se sentant uaincuz de douleur excessiue, destituez de bon conseil, se faschent de uiure, tant que non seulement ne fuyent la mort, ains de leur propre uolunte la cherchent, & courent audeuant d'elle: l'un estimant par ceste uoye donner allegeance a ses miseres: & l'autre esmouuoir par son trespas sa maistresse a

quelque

quelque petite compaſſion, & tirer de ſes yeulx a tout le moins aucune larme, en recompenſe de toutes les coruées qu'il aura faictes en ſon ſeruice. Ne uous ſemble il maintenant, mes Damoyſelles, que ce ſoit une follie expreſſe de chercher l'abbregement de ſes iours pour choſes qui ſe reſoluent ſi promptement en fumée? Quant a moy ie ſuis d'opinion que ne le ſcauriez ignorer: & oze bien dire, qu'il y a long temps, ſi la mort m'euſt uoulu prendre, que ie l'euſſe receue bien a gré: & encores a preſent me uiendroit elle bien apoinct. Toutesfoys ie ne machinay oncques a me deffaire. Mais uoyla comment les poures inſenſez ſubtilient de trouuer une uoye contre le commun cours de Nature: laquelle ayant engendré en chaſcun des uiuans, amour nayue de ſoy meſme, auec continuelle ſolicitude de ſe conſeruer, eſt pour les cauſes deſſus narrees ennuyeuſe a ces malheureux, qui deuenuz ennemys de leurs propres perſonnes, mettent toute leur fantaſie en aultruy: dont non ſeulement ne deſpriſent leur conſeruation, ains, qui pis eſt, iniquement la repudient. Ie ſcay bien, mes Damoyſelles, que lon me pourroit obgecter, que ces raiſons ſont friuoles, & plus conuenantes au babil d'un amoureux paſſionné, que aux diſcours d'un homme raiſonnable: & que lon

me dira plainement, si i'eusse tant desiré la mort, comme i'en faiz le semblant, nul ne m'eust gardé de peruenir a mon intention, consideré que le mourir est mieux en la liberté des uiuans, que le reuiure en la puissance de ceulx qui sont expirez. D'auantage lon m'improperera que la bouche profere a la uollée ces paroles, mais que le cueur ne s'y accorde, ains y penseroit maintesfoys auāt que uenir a la cōclusion. Ie uous supply mesdamoyselles, entēdez ce que ie ueuil dire : car c'est un cas digne de grand merueille: & si ie ne l'auoye experimenté, a peine auroys ie la hardiesse de le songer: tant s'en fault que ie l'osasse mettre en auant. La mort n'est pas le dernier supplice qui peult anichiler les amoureux, comme toutes autres manieres de gens, ains quand ilz ont enuie de passer le pas, elle leur est desnyée: tellemēt que lō peult estimer heureux celuy qui est suffoqué quād il se treuue constitué en l'extremité de misere. Mais il eschet le plus du temps, que ou ilz sont prochains de la mort, extenuez par la uiolence et prolixité des angoisses, incontinent qu'ilz uiennent a sentir le departement de leur uie, ilz (pour estre de longuemain accoustumez a iamais n'auoir fruition de leurs desirs) recoiuent tel contētement, que cela reconforte leur ame, & faict reprendre uigueur a leurs espritz uoulans sortir de
la prison

la prison corporelle, si bien qu'ilz commencent a se reintegrer & remettre la uie languissante en son premier estat. qui sont choses Mesdamoyselles que uous n'ouystes (parauanture) iamais dire, & que n'eussiez iugé possibles. Toutesfoys combiē qu'elles uous semblent estranges, ie, qui en ay faict l'espreuue, puis bien tesmoigner qu'elles peuuent aduenir en un corps amoureux. Et pour plus grande approbation, ie suis en termes de uous dire une chāson que ie fey de ceste matiere, il y a desia lōg tēps: & la uous diroye promptement, n'estoit que le gemir m'est trop plus conuenable, que le chanter.

Sur ce poinct Madamoyselle Berenice surprise d'extreme affection, se print a dire:

Seigneur Perotino, ie uous supplie d'aussi bon cueur comme ie faiz a ce dieu duquel uous faictes mētion, qu'il luy plaise uous donner ioyeuse uie tāt que serez au mōde, qu'auāt passer plꝰ oultre, nous ueuillez gratifier de ceste chanson: car il y a long temps que i'ay bien bonne enuie d'en entendre de uostre stile. Et suis certaine que la disant ne satisferez moins a ces deux damoyselles, que a moy, d'autant qu'elles en sont (pour le moins) aussi curieuses que ie puis estre, & scauons assez combien uoz rymes sont estimées entre les ieunes hommes faisans profession de cest art.

Adonc Perotino gettant un profond souspir auec la parole, respondit en ceste maniere:

Ma damoyselle, ce dieu, que trop ie cognois a ma grande perte & dommage, ne scauroit faire, et ne fera iamais, le reste de ma uie ioyeux, quand ores il pourroit faire, ce que ie ne croy, celles de tous autres hômes contentes et satisfaictes en leurs desirs: car ma fortune deceuãte m'a priué d'un bien, apres lequel chose transitoire ne me peult estre et ne sera iamais ny ioyeuse ny agreable, si ce n'est celle seulement, qui est fin de toutes les autres: laquelle ie inuocque souuentesfoys: mais la sourde, ayãt faict alliance auec ma fortune, fainct de n'entendre mes clameurs: qui est parauanture afin que tant plus ie uiueray, plus puissé ie languir en peine, & seruir d'exemple aux miserables. Toutesfoys puys que ie me suis determiné uous obeyr, & que i'ay descouuert en uoz presences ce que i'eusse peu & deuoie tenir secret, estant moins mal, mourir en se taisant, que prolonguer la uie en lamẽtãt: encores que mes rymes, quelles qu'elles soyent, ne meritẽt estre dictes entre Damoyselles de feste, ie me delibere uous en faire le recit.

Ces dernieres paroles du poure gentilhomme, qui auoit grand peine de supprimer ces larmes, esmeurent a compassion les cueurs des damoyselles.
Mais

Mais quand il se fut un petit rasseuré, il se print a dire ainsi:

Quand ie pense au martyre
Amour que i'ay par toy, penible & fort:
A la mort me retire,
Ainsi pensant finir mon desconfort.
Mais quand au pas ie uien,
Seruant de port en mer pleine d'orage,
Ie sens un si grand bien,
Qu'oultre ne passe, & l'ame prend courage.
Ainsi m'occit la uie:
Ainsi la mort en uie me remect.
O misere infinie,
Que l'un apporte, & l'autre a fin ne mect.

Les Damoyselles & gentilz hommes prisoyent grandement la chanson du seigneur Perotino: mais il, pour interrompre la superfluite des louenges qui ne luy estoient agreables, uouloit continuer sa proposition, n'eust esté que madamoyselle Berenice reprenant la parolle, deit:

Seigneur Perotino, puis que contre l'usage de tous autres hommes uous abhorrez & detestez l'exaltation de uostre personne, a tout le moins ueuillez nous exposer ceste chanson, si commodemēt le pouez faire sans rōpre ou discontinuer uostre propos. Ce faisant, pour peu de chose uous obligerez trois damoyselles qui sont fort curieuses de uostre bien & honneur. Et si pense que ferez plaisir a uoz compagnons, lesquelz a mon iugement uous ayment côme frere, nonobstãt qu'ilz peuuent auoir autresfois entendu uoz rymes. Apres que Perotino eut respondu qu'il en feroit son plain deuoir, il r'entra en son propos, & se print a dire:

Que pourra lon dõcques, Mesdamoyselles, alleguer en cest endroict, sinon que la condition des amoureux est tant extremement miserable, qu'en uiuant, pource qu'ilz uiuent, ilz ne peuuent uiure: & en mourant, pource qu'ilz meurẽt, ilz ne peuuent mourir? Certainement ie ne scay quel iust se peult espraindre de l'amere Alloyne d'amour, sinõ celuy que i'en ay desia tiré: lequel, pource q̃ ie desire & desireray tousiours uostre bien, ie uous conseille ne gouster, ains plustost scauoir q̃ c'est, par le rapport d'aultruy. Mais, O la puissance de ce dieu, ie ne scay certes quelle chose est plus ennuyeuse, ou merueilleuse en luy: car il ne se contente d'auoir la gloire de faire toutes les choses alleguées: & si ne ueult que ce soit l'excellẽce de ces miracles. Parquoy lon peult tenir pour certain, que côme la mort peult a l'êdroict des amoureux causer fascherie de uiure, aussi la ioye qu'ilz sentent de mourir, peult suffire a estre occasion de leur uie. Toutesfoys
ueult

ueult, quand bon luy semble, qu'n poure martyr ne puisse mourir, cōbien qu'il n'ayt moyē de uiure: ains faict que estāt assailly de deux manifestes douleurs mortelles, il en uict cōme de deux uies. Ie uous asseure ma Damoyselle, que mō propre dire m'estōne, & me semble estrāge a merueilles: toutesfoys il est ueritable: & uouldroie bien qu'il ne fust ainsi: car ie seroie maintenāt hors d'une infinite de peines, au mylieu desquelles ie suis enseuely: pource qu'amour ayāt long tēps a, getté mon cueur en une flamme si cuysante q̃ rien plus, en laquelle falloit de necessite que ie mourusse, pource que ma uertu n'eut sceu resister a telle uiolence: il interposa la cruaulte de la dame, pour l'amour de laquelle i'ardoye: & feit en sorte, que ie tūbay en un lac de pleurs: ou mō cueur se baignāt, receuoit medecine cōuenable a estaindre son ardeur. Et eust ce pleur par soy tellement enerué et affoibly les ligatures de ma uie, que le cueur eust peu estre suffoqué: parquoy ie feusse mort. mais il reprint uigueur par l'asprete de la flamme qu'il sentoit, tellement que le pleur se dessecha: qui fut occasion de prolōguer ma uie. Par ainsi l'un & l'autre mal me profiterent, & me reuint la uie par la contr'operation de deux mortelz accidentz: en sorte q̃ mon cueur demoura en l'estat auquel maintenant le uoyez. Certainement ie ne puis compren-

D

dre qu'il puisse estre une vie plus miserable qu'est celle de celluy qui maintenu par deux cruelles mortz, vict en ce monde pource qu'il y meurt doublement.

Aiant Perotino dict ces paroles, il feit une petite pause: puis uoulant recōmencer, & passer oultre, Gismōdo luy faisant signe de la main, & l'accusant enuers madamoyselle Berenice, s'escria:

Il ne uous obserue la promesse qu'il a n'agueres faicte: car il n'expose sa chāson: & d'auātage il en feit une, long temps a, parlant de ce propre miracle, laquelle est gētille & de bonne grace: mais il fuyt maintenant a la dire. Ie uous supply, cōmandez luy qu'il uous en face le recit, & ie suis certain qu'elle uous plaira. Ceste chose entendue, la damoyselle incontinent luy deit: Comment seigneur Perotino faillez uous si tost de promesse? Dea nous pensiōs que feußiez hōme de foy. Ainsi le coniurāt par telles & semblables parolles, non seulement elle, mais ses deux autres compagnes, il promeit qu'il ne diroit sās plus la chāson dōt messire Gismōdo parloit, ains en reciteroit des autres quād la cōmodite luy seroit offerte. Laquelle chose luy feirent promettre plus d'une foys: parquoy uenāt a la chāson, il se print a dire en piteuse harmonie:

E n feu ardent, belle, uous m'auez mis

Pour

Pour me liurer a mort auant mon heure.
Puis uous semblant ce mal foible & remis,
L'auez doublé, faisant que trop ie pleure:
Dont ie uous oze dire:
Supprimez un martyre:
Possible n'est que de deux mortz ie meure.
    L'eau qui distille & sort de mes deux yeulx,
Garde l'ardeur qu'elle ne me defface:
Et le feu faict que ce pleur ennuyeux
Mon cueur ne noye, ains le seiche & efface.
    Ce qu'un des maulx deffaict,
L'autre soudain refaict:
Et fault helas que le bien me mesface.
    Puis que uoulez reduict en cendre ueoir
Mon poure corps maugré nous deux uiuant
Dame pourquoy faictes uous tel deuoir
De luy donner du secours plus auant?
Vostre grace infinie
A ma douleur finie:
Dont langoureux demeure en poursuyuant.
    D'amour me plains plus que de uous ne faiz,
Quand il permect qu'ayez puissance telle:
Aussi de moy, que ie ne me deffaix.
Mais qu'y feray ie? Amour regne en cautele
Sus chascun sien subgect.
Qui ueit onc tel obgect

D ij

vn homme uif en double aigreur mortelle?
Ceste chanson finie il se tourna deuers Lisa, disant:
Vous semble il point, ma Damoyselle, que le facteur de telz miracles, merite auoir le nō de dieu? Vous est il maintenant aduis que les premiers hommes l'ayent sans raison ainsi appellé? Certainement toutes choses qui aduiennent pardessus l'ordre de Nature, sont reputées miraculeuses, pource qu'elles font esmerueiller les hommes qui les uoyent, ou entendēt racōpter: & d'auantage persuadēt qu'elles ne peuuent prouenir sinon de cause supernaturelle. Quoy uoyant noz predecesseurs, attribuerent a l'amour le nom de dieu, cōme a celluy duquel la puissance leur sembloit exceder celle des humains. Et pour uous en faire foy, i'ayme myeulx reciter mes infortunes, q̄ celles d'aultruy. toutesfoys ie ne m'aidray q̄ de la moindre partie: et quād ores la totalite me pourroit a tout le monde faire exēple de misere superflue pour approuuer la puissance de ce dieu, si est ce qu'en comparaison des tourmens dont il bat tous autres hōmes, les miens se peuuēt cōpter pour moins que rien. Et si en faisant ce discours, ie uous eusse uoulu deduire les histoires de cent mille amoureux qui se lisent ordinairemēt, cōme les tableaux par les eglises, ou lō ne uoyt la foy d'un seul hōme, ains de plusieurs beatifiez: uous n'en eussiez pris
moins

moins d'esbahyssemēt, que fōt pasteurs la premiere
foys qu'ilz entrēt en quelq̃ uille, ou ilz uoyēt mille
choses qui les font esmerueiller. Toutesfoys encores que i'estime mes miseres grieues & insupportables, cōme ueritablemēt elles sont, si n'est ce pour
tāt adire que celles d'aultruy soyēt legieres, ou que
l'amour ne s'embatte dedās les cueurs de mille personnes auec telle impetuosité qu'il a faict dedans le
mien, & qu'il n'y engēdre autāt et d'auβi estrāges
merueilles, cōme il a faict en mō endroict. Ains croy
ueritablemēt, que par la grace de monseigneur i'ay
beaucoup de cōpagnons, lesquelz ne se peuuēt tous
ueoir et cognoistre de chascū, cōme ie uoy et cognois
moy mesme. Mais entre les autres sottises des amoureux il y en a une q̃ est q̃ chascū s'estime le plus miserable de tous, & prēd plaisir en ceste chose, cōme s'il meritoit courōne de triūphateur pour ceste
uictoire: & ne ueult aucunemēt souffrir que quelq̃
autre puisse en aimāt peruenir a l'extremite de tout
malheur, cōme il a faict. Dont si lō peult adiouster
foy aux histoires ātiques, Argia la belle ayma oultre mesure: car s'estant gettée sus le corps de son
mary nauré a mort, elle pleura le plus amerement
qu'il fut possible, iusques a ce q̃ le tyrā Creō souilla
ses mains dedās son sang. Nous lisons auβi d'Euadne, laquelle en pareille sorte de misere, & en un

D iij

meſme temps, courageuſement deſpriſant ſa propre uie, ne laméta ſeulemét ſon mary, mais qui plus eſt, courut meſme fortune. Le ſemblable feit Laodamia pour la mort du ſien. Si feit bien la belle Pãthea, et pareillemét la poure damoyſelle de Seſtos regretãt ſon perfaict amy. Auſſi ſãs point de doubte ont faict maintes autres. Parquoy lon peult congnoiſtre qu'en tout temps, & en toutes ſortes d'infelicite pluſieurs ont ſimilitude: mais lõ n'en peult faire bõ iugemét: pource que la miſere cherche d'eſtre tenue ſecrete. Vous dõc madamoyſelle dõnerez a mõ amertume la cõpagnie que bõ uous ſemblera: et ſans ce que ie uoyſe reuoluant plus d'hiſtoires, pourrez apperceuoir que la puiſſãce de ce dieu, eſt d'autãt plus grãde & plus eſtendue, que le nõbre peult eſtre confuz de ceulx qui ayment comme moy: car quand il plait à ce grand dieu, il ne faict q̃ trop de telz miracles en toutes ſaiſons et cõtrées, au peril de la uie de mille poures amoureux. Voyla cõmét il ſe ioue: et ce que nous eſt occaſiõ de larmes infinies, ſont ſes plaiſirs & eſbatemétz. Puis il eſt ſi bien accouſtumé a nous naurer, & boire noſtre ſang, que le plus grand de ſes miracles eſt, quand il rend un homme amoureux, & ſa douleur eſt tolerable. Toutesfoys il ſ'en treuue peu, ou parauãture point, qui puiſſent garder la mediocrite en leurs furies: ou au contraire lon re lon ueoit ordinairemẽt que les plus reposez, prudentz, studieux, & suyuans la philosophie seuere, deuiennent ribleurs de nuyct, porteurs d'armes, eschelleurs de murailles, batteurs de gens, ou homicides. Et aucunesfoys ceulx qui sont estimez les plus cõstans & plus sages en une Republique, manifestemẽt deuiennẽt enragez quãd ilz s'adõnẽt a aymer. Amour doncques, ma damoyselle, fut faict dieu pour les occasiõs precedẽtes. puis ses deificateurs se aduiserẽt qu'il estoit expediẽt luy dõner quelq̃ forme, a celle fin qu'il fust plus cognoissable. & pourtãt le paignirent nu, pour demõstrer que les amoureux nõ seulemẽt n'ont rien de propre, estãs en puissance d'aultruy: ains que se despouillans de liberte, ilz demeurẽt desnuez de toute raison. Apres le formerẽt enfant: nõ uoulãs par la inferer qu'il est tousiours en aage pueril, comme ainsi soit qu'il nasquit auec les premiers hommes: mais pource qu'il rend enfans imbecilles de cognoissance, ceulx qui se mettẽt en sa suyte: & cõme une nouuelle Medée, faict par drogues et poysõs mõstrueuses raieunir les plus uieulx et chanuz. Pareillemẽt luy dõnerẽt des aelles, nõ pour autre raison, sinõ pource que les amoureux supportez des plumes de folle couuoytise, se persuadẽt legieremẽt uoller iusques au ciel parmy l'air de leurs esperances. D'auantage ilz luy meirẽt

D iiij

un brandon en la main, pource que cōme la splendeur du feu est agreable, & l'ardeur en est douloureuse: ainsi la premiere apparence d'amour, entant qu'elle nous delecte, semble plaisante & recreatiue grandement: mais quand nous uenons a l'usage & experiēce, cela nous tourmēte & moleste oultre mesure. laquelle chose si elle estoit preueue auant sentir la force de son feu: O de combien amoindriroit la seigneurie de ce tyran, & seroit le nombre des Amoureux plus petit qu'il n'est en cest aage? Mais nous poures infortunez desireux de nostre mesaise, uollōs a sa flamme comme papillōs: & qui pis est, souuētesfoys nous mesmes l'allumōs: dont manifestement nous fault perir en nostre brazier, ainsi que iadis feit Perillus en son propre Toreau d'arain. Et pour dōner fin a l'effigie de ce dieu mal pour les hommes designée de couleurs tant diuerses a l'instigation de leur propre misere, encores y adiousterent ilz l'arc, & les sagettes, pour nous faire entendre que les naureures que receuōs d'amour, sōt quasi semblables a celles d'un archer: mais elles sont de tāt plus mortelles, qu'il les adresse toutes au cueur. Et si ont encores ce mal en elles, qu'elles uiennent de main qui iamais ne se lasse de tirer, & qui ne s'allentit aucunement pour nous ueoir extenuer & deffaillir: ains plus nous uoyt

debiles

debiles & mourans, plus se haste de nous persecuter et cõfondre. Ie pense maintenãt Madamoyselle uous auoir assez apertement demõstré quelles occasions meuuẽt les hommes a nommer Dieu, ce que nous appellons Amour, & pourquoy ilz le paignirent en ceste sorte. Neantmoins si nous le contẽplons de bon œuil, facilement se pourra ueoir qu'il n'est point Dieu, et que ce ne seroit seulemẽt heresie de le croire, ains grieue offence de le penser: pource qu'il n'est autre chose fors ce que plaist a noz fantasies, & fault de necessite qu'il naisse de noz affections corporelles, sans lesquelles il ne pourroit consister, non plus qu'ne plante sans terre. Bien est uray, que le receuant en noz courages, si nous luy laissons prendre pied, comment que ce soit, & germer sa racine en noz ames, le plus souuent il s'y habitue ueuillons ou nõ, et nous poingt le cueur de cruelles espines, engendrant en nous les admirations estranges que scauent & cõgnoissent ceulx qui iournellement en font espreuue. Mais pource que i'ay longuement deuisé auec uous de ceste matiere, il est desormais temps (Madamoyselle) que ie retourne a Perotino, lequel ie laissay sus les premiers pas de mon chemin, estant reclamé de uostre uoix, nonobstant qu'il m'eust demandé cõment pouoit estre ueritable ce que i'auoye mis en termes, ascauoir que lon ne peult aymer sans amer. Laquelle chose combien que par les raisons precedentes puisse estre liquide et manifeste, specialemēt a ceulx qui ne ueulent sophistiquer contre la pure uerite: afin que mon dire soit plus utile a uous qui estes femmes, moins exercitées que ne sommes, a soustenir les assaultz de fortune, & qui par consequēt auez plus grād besoing de cōseil, ie m'estēdray a uous en parler d'auantage, & me fera grand bien, puis que ie suis auoyé, de parler diffusement de mes miseres, suyuant la coustume des malheureux. Mais il peult estre que tout en un tēps ie m'obligeray en parlant, & desobligeray en conseillant, pource que mes discours pourront seruir d'instruction et aduis, descourant les choses qui pourroient estre cause de grād mal a qui n'en auroit l'intelligence.

Ayant Perotino dict ces paroles, il se teut, et s'appareilloit a reparler: mais Gismondo regardant que l'umbre du soleil se faisoit de plus en plus grande, s'adressant aux damoyselles, deit ainsi:

I'ay tousiours ouy dire, que uaincre un gentil cōpagnon, rend la uictoire plus glorieuse. aussi tant plus Perotino fera ses raisons fortes par argumētz & syllogismes, persistant en sa mauuaise cause, & aguysant la poincte de son entēdemēt pour mieulx parler: tāt plus sera il ma couronne triūphale gracieuse,

cieuſe & belle. Mais ie crains auoir faulte de tẽps s'il luy conuient reſpondre ce iourd'huy : a tout le moins ſi nous uoulons (comme c'eſt noſtre couſtume) retourner au Palais auec les autres a l'heure du feſtin: car le Soleil decline fort deuers ſon occident, & n'auons gueres plus a demourer icy, que nous y auõs demouré d'auantage les heures uollẽt, & ſes doulces paroles delectent ſi fort noz courages, qu'il me ſemble qu'a grãd peine faiz ie qu'entrer en ce Iardin. Alors Sabinette la plus ieune des Damoyſelles, qui s'eſtoit au commencement de ces propoz aſſiſe ſur l'herbe uerde a l'umbre des Lauriers, quaſi hors le cerne des autres pour eſcouter mieulx a ſon ayſe, et qui n'auoit encores dict un ſeul mot, depuis que Perotino s'eſtoit mis a parler: demye en cholere, ſe print a dire:

Meſſire Giſmõdo, lon feroit grand tort a ce gentil hõme, ſi par uoſtre pourchas il falloit qu'il retraignist ſes paroles. parquoy ie ſuis d'aduis qu'il parle pour meſhuy tant comme bon luy ſemblera: et demain ou apres, uous luy pourrez reſpõdre en ſemblable : car puis que nous auons encores quelques iours a demourer icy, le paſſetemps d'y retourner nous en ſera plus agreable, & ſi aurez meilleur moyen de reſpõdre: car uous aurez temps et eſpace d'y penſer.

L'aduis de Sabinette pleut a chascun de la compagnie, et fut arresté qu'il se feroit ainsi. Parquoy le iour ensuyuant la petite bande estant retournée en ce mesme lieu, Perotino ueoyant que chascun se taisoit, se print a dire. Cōme les portz de Mer sont le refuge & uray repos des nauires battues de tourmente, et comme les buyssons ou forestz sont la retraicte des bestes sauuages poursuyuies des ueneurs: ainsi les urayes cōclusions sont le support des longues disputes: & quand elles defaillent aux argumentateurs, de rien ne sert inuenter et assembler plusieurs termes doubles et ambiguz curieusemēt esspluchez par ceulx qui se sentent esloignez de la uerite, pour occuper les courages des escoutās, s'ilz s'amusent a regarder la superficie des paroles, et nō l'intention du disant. chose que ie crains, Mesdamoyselles, qu'elle n'aduiēne demain a messire Gismōdo: lequel se confiant plus en la promptitude de son entendement, qu'ayant regard a celuy de chascune de uous, & sans penser a la debilite de sa cause, espere obtenir la uictoire de ce combat. Et si uerite ne luy estoit contraire, ie diroye, sans point de doubte, q̄ la fortune luy auroit esté pl⁹ fauorable qu'a moy, luy donnāt meilleur terme de penser a sa response, que ie n'ay eu de uenir a ma proposition. Et afin qu'il ne regecte contre moy ce que maintenant ie luy ueuil

obgecter

obgecter, pour respōdre a sa demāde, ie dy que tou
tes les fois qu'il aduiēt qu'un homme ne peult auoir
la iouyssance d'une chose qu'il desire, autant de fois
il dōne en soy lieu aux douleurs et passions, lesquelles troublent son repos, comme une Cite opprimée
de ses ennemys: & le tiennent en perplexite continuelle, plus ou moins grieue, selon que son affection
a de force ou debilite. Ie n'appelle pas icy iouyssance la possession que lon a des cheuaulx, robes, maisons, & autres meubles, dont le seigneur est sim-
plement dict proprietaire, pource qu'il n'en a tout
seul l'usage, & n'en peult tousiours disposer a son
plaisir: mais i'appelle posseder, auoir l'entiere fruition de la chose aymée, tout ainsi que l'amant desire. Et pource que ceste diffinition est assez euidente par soy mesme, semble n'estre besoing que ie la
specifie plus en particulier. Ie uouldroye doncques
maintenant entendre de uous seigneur Gismondo, si
uostre opinion est, que l'homme aymant aultruy,
puisse auoir la perfaicte fruition de ce qu'il ayme.
Car si uous me dictes qu'ouy, certainement il fault
que tūbez en manifeste erreur, pourtant que l'hom
me (en quelque tēps que ce soit) ne peult auoir iouys
sance perfaicte d'une chose qui ne soit toute en luy,
cōsideré que les estrangieres sont tousiours en l'arbitre de fortune, & non soubz nostre disposition.

Or que aultruy soit chose estrangiere, et nō propre, le mot par soy le designe amplement. Mais si uous me dictes que non, force sera de confesser, (& ne uous en scauroiēt les amoureux defendre) que quiconques ayme, il sent a toutes heures passions en son esprit. Et pource que l'amertume du courage n'est autre chose que le fiel des angoisses qui le molestent, necessairement fault conclure qu'il n'est non plus possible d'aymer sans amer, qu'il est faisable que l'eau desseche, et le feu mouille: ou que la neige brule, et le soleil ne rende sa clairte. Voyez uous maintenant messire Gismōdo, soubz quelle simplicite et brieuete de paroles, la pure uerite se demonstre? Mais pourquoy uoys ie argumentāt d'une chose qui se touche auec la main? Que dis ie auec la main, mais auecques le cueur? Car il n'est rien qui se face mieux sentir interieurement, ou qui plus ayguillonne nostre ame parmy son humeur radicale, que faict l'amour: lequel comme une poyson dangereuse, enuoye sa malignite droit au cueur: puis cōme un traistre espieur de chemins, incontinēt cherche a priuer de uie les poures infortunez qu'il surprēd en ses aguetz. Laissāt doncques (Mesdamoyselles) tous syllogismes apart auec messire Gismondo, auquel cōme a leur protecteur ilz portent plus de reuerēce qu'ilz ne font a uoz discretiōs, ie ueuil uenir par

autre

autre uoye a parler plus entédiblement à uous. Et pource qu'en difcourāt p̄ les afflictions du courage, l'amertume de ceſt Amour ſe pourra mieux diſcerner que par autre moyē: puis que nous ſommes ia ſi auāt, et uoſtre bō plaiſir eſt me dōner audiēce pour meſhuy, laquelle uous auiez n'agueres taiſiblemēt accordée a ma partie aduerſe: pourſuyuant mon entrepriſe, ie deduiray aucunes d'icelles afflictions, et uous en ourdiray une toille plus longue et de meilleure treſme, que ie n'euſſe faict a ce gentilhomme. Sachez dōcques Meſdamoyſelles, que les afflictiōs des courages, dont toutes les autres deriuent, & en quoy elles ſe reſoluent, ſont en nombre quatre, & non plus: aſcauoir deſir immoderé, ſuperabondante lyeſſe, douleur trop angoiſſeuſe es aduerſitez qui ſe preſentent, & crainte extreme de miſeres futures. Leſquelles choſes pource qu'en guiſe de uētz effrenez pertroublent la trāquillite de noſtre uie, & le repos de noz eſpritz: pour les generalizer en un mot propre & grandement ſignificatif, les bons autheurs les ont nommees perturbatiōs, ou furies: entre leſquelles Amour merite auoir le premier lieu, cōme celuy qui n'eſt autre choſe que temeraire affectiō, et qui ne ſe uoulant contenir en ſes limites, entre dedans les frontieres d'aultruy, qu'il mect en feu & en flambe, tellement que les poures despourueux en demeurēt destruictz & ruynez, car son feu est de telle nature, qu'il consume iusques aux ames, et souuentesfois les separe des corps: ou si cela n'aduient, il mect ceulx qui en sont eschaudez, en une uie pire et plus ennuyeuse que la mort. Pour doncques entrer en discours, & uous parler de ce desir, ie dy que c'est la uraye source de toutes autres passions: & que tous noz malheurs en procedent, comme l'arbre faict de ses racines: Car pour quelque obgect qui s'allume en noz pensées, incontinēt la sensualite est pressée de le poursuyure: quoy faisant l'homme est precipité en mille dangiers & miseres. Qu'il soit uray, le frere en cherche les abominables embrassemens de sa sœur, la marastre en stimule son beau filz, et aucunefois (qui m'est certes trop grief adire) le pere en poursuyt impudiquemēt sa propre fille: Choses qui ne sont moins execrables a penser, que scādaleuses a referer. Et pource que le taire en est trop meilleur que le recit, ie les laisseray en leur enormite, pour retourner a mon propos de ce desir, & conclure qu'il dispose, tire & conduict noz cogitations, actes, & negoces, a fins piteuses du tout contraires a nostre pourgect, aquoy ne sert de riē se contr'opposer auec la raison: car nonobstāt que lō se uoye courir au but de uray malheur, si est ce que lon ne se peult garder de passer oultre: mais

s'il

s'il eschet qu'on s'en retire pour quelque temps: tost apres aduient qu'il fault retourner au uomissemēt, a cause que le mal est intestin, surmontant la force naturelle de l'estomach. Et tout ainsi que le corps du Soleil enuiron l'heure de son oriēt est facile a regarder, puis estant de quelques degrez monté en la uoye du zodiaque, esblouyt les yeulx qui s'y amusent: ainsi nous congnoissons nostre mal au commencement de sa naissance: mais quand il est en sa uigueur, il offusque entierement nostre raison, & ne cede a aucun conseil. Pareillement Amour ne se contente de nous battre de prompt uouloir, qui luy sert de baguette: ains faict au moyen du desir, pulluler tant d'affections en noz courages, qu'ilz en sont submergez et periz: car de ce fleuue tresabōdāt en misere, il en deriue des torrentz infiniz, qui sont merueilleusement rudes a lendroit des poures amoureux : lesquelz bien que le plus souuent tendent tous a une mesme fin, si est ce que pour estre les obiectz diuers, & les fortunes dissemblables, chascun desire diuersement, selon que le tēps le requiert. Aucūs pour atrapper leur proye, mettēt toutes leurs forces en une course, en laquelle ne fault demāder combiē de choses leur sont contraires: car souuentesfois ilz trebuchēt, et se debrisent cueur et corps: toutesfois ilz poursuyuēt la queste. Mais (helas)combien de chardons ou espines trespercent leurs miserables piedz? Croyez qu'il eschet bien souuent qu'ilz perdent et force et alaine auant qu'ilz peruiennent a leur desir. Autres deuenuz possesseurs de la chose aymée, ne taschent sinon se maintenir en estat: parquoy employant a ce, tous leurs espritz, & y consommant tout leur temps & industrie, ilz se peuuent dire malheureux en felicite, mendians en richesses, et desnuez en prospere fortune. Certains autres deboutez de leurs possessions, cherchent tous moyens & uoyes d'y r'entrer: en quoy faisant se consomment en larmes & gemissemens, puis s'assubgectissent a mille conditions seruiles et peu honnestes, s'obligeant a diuerses pactios illicites, tellement qu'en la poursuyte de la chose perdue, ilz cofinent leur uie en l'extremite de misere. Mais toutes ces angoisses ne s'appercoyuent aux premiers desirs, ains comme a l'entree d'une forest quelque sentier semble assez ample et frequenté: puis quand lon entre bien auant, il se perd petit a petit: ainsi lors que sensualite nous inuite a quelque obgect, s'il nous semble facile d'y peruenir, tant plus nous entrons en la trasse, plus se rend le chemin malaisé: qui est le fondement & comble de noz malheurs: car pour uenir a noz attainctes, diligemment cherchons d'extirper tous empeschemens contraires: & ou l'equite nous default,

uoulons

uoulons uſer de uiolence:dont naiſſent les terribles choleres, les quereles,offenſes et effors:meſmes en enſuyt trop plus de mal, que du commencement ne ſĕble qu'il en puiſſe aduenir. Toutesfois afin que ie ne m'amuſe a en deduire toutes les particularitez, ie uous ſupply, dictes moy, combien de foys ont eſté pour ceſte occaſion machinées les mortz ou ruynes de pluſieurs grans perſonnages, et (peult eſtre) par leurs plus familiers? Cõbiẽ de femmes pareillemẽt tranſportées de leur couuoytiſe, ont pourchaſſé la deffaicte de leurs mariz? Aſſeurez uous Meſdamoyſelles, s'il me ſembloit pouoir dire plus grand choſe, que i'en parleroye d'auãtage, mais que ſcauroit on dire plus? Le lict nuptial, teſmoing de la plus ſecrete part de la uie des mariez, et ſecretaire principal de leurs delectables embraſſemens, par une affection deſordonnee de nouuelle amytie, ſouuentesfois eſt ſouillé du ſang innocent de l'une des parties, par la meſchancete de l'autre. Mais pour faire uoyle autre part, et ſortir de ces ennuyeux gouffres de deſir, nauiguons (ſi bon uous ſemble) en la Mer de faulſe lyeſſe.

Ce uous doit eſtre choſe toute manifeſte (Meſdamoyſelles) que tãt plus a eſté forte en nous la uolũte d'acquerir un bien longuement attẽdu, plus eſt noſtre ioye augmentée, quand nous en pouuõs auoir la

E ij

iouyssance. Et pource qu'aucun appetit n'a tãt d'authorite sur nostre nature, & qu'il n'en est point qui si furieusemẽt nous transporte a l'obgect proposé, que faict l'espoir de iouyssance, mesmement quand lon est stimulé des esperons d'Amour, et sollicité de sa houssine: il aduient que nulle delectatiõ de quelcõque maniere de gẽs que ce puisse estre, ne se peult equiparer a celle des amoureux, quand ilz peruiẽnẽt a la fin de leurs desirs. Et qu'il soit ainsi, ie uous demãde, quel autre personnage se resiouyroit d'une petite œuillade, estimeroit pour un souuerain bien deux paroles feminines proferées a demybouche, priseroit sur toutes choses un legier attouchement des mains, ou telles autres brouilleries, comme feroit un amoureux, qui s'en paist, et les desire oultre mesure? Toutesfois si n'est ce pas a dire q̃ sa fortune soit meilleure que d'un autre: car lon uoit manifestemẽt, que chascune de leurs esiouyssances est pour la plus part du temps accõpagnée d'une infinite de tristesses, tellement que le bien qui leur est quelque fois superflu, se conuertit mille autresfois en peines desmesurées, et insupportables douleurs: ce que n'aduient aux autres hommes. D'auantage est a considerer, que toute ioye immoderée passant les limites de raison, n'est ny bonne, ny profitable, & plustost se doyt nommer temeraire credulite, que uraye &
perfaicte

perfaicte lyesse, mesmement alendroit des Amoureux: car tant leur est pernicieuse, qu'elle les delaisse enyurez de sa poyson, autant cõme s'ilz auoyent plongé leurs testes dedans le fleuue de Lethes : car ayant oublié toutes choses uertueuses pour suyure leur euident malheur, ilz abandonnẽt la modestie, & fuyẽt tous exercices louables, postposant le deuoir a ceste frenaisie, en laquelle uituperablement ilz enseuelissent toutes leurs pensees: dont ne leur aduient seulement honte et dõmage, ains leur faict auoir aucunesfois leurs uies en detestation, tellemẽt que de plaine & franche uolunte ilz se rendẽt esclaues de miseres infinies. Helas helas Mesdamoyselles, cõbiẽ de nuyctz passe le poure malheureux sans dormir ny reposer ? Combien pert il de pas en uain? Combien barbouille il de papier autãt de larmes, comme d'encre, auant qu'il puisse gaigner une seule heure de plaisir ? Certainement si d'auanture il la gaigne: si ne passe elle sans ennuy, pource qu'il s'y entremelle des propoz lamentables, accompagnez de profons souspirs, et de larmes qui ne sont fainctes : ou bien il est constitué en grans dangers de sa personne. Encores posé qu'aucun de ces inconueniens ne le greuast, si doit il sentir une grande fascherie en son cueur de ce que ceste heure furtiue s'enuolle trop legieremẽt auec les delectations qui

E iij

l'auoyẽt par ſi lõgue eſpace faict pener pour les ac‑
querir. Helas Meſdamoyſelles, cõbien de brocardz,
mutations, choleres, appetitz de uengeãce, et autres
telles furies bruſlent et conſommẽt ſon poure cueur
mille et mille foys en ſa uie auãt qu'il puiſſe obtenir
un ſeul butin de ce plaiſir? Qui ne ſcait auſſi et ẽtẽd
par quelz deſtroictz de ialouſie, enuie, ſouſpecons,
emulations, et autres angoiſſes il luy cõuient paſſer
auãt qu'il ayt acheté une ioye ſi toſt paſſée? Il n'y a
certes (a mon aduis) tant de coquilles ſus les riuages
de noſtre Mer, ny de feuilles en ce iardin brãſlantes
au uent, quand il eſt en plus grãde uerdure, qu'il y
peult auoir de triſteſſes en chaſcun plaiſir amou‑
reux. Encores s'il aduiẽt par foys qu'il ſoit en toutes
ſes parties franc et deliure d'amertume: (ce qu'il ne
fut onc̃ques, & ne ſcauroit eſtre) c'eſt parauanture
lors qu'il eſt plus doutable et a craindre, pourau‑
tant que les fortunes amoureuſes ne perſiſtẽt touſ‑
iours en un eſtat, ains ſont plus ſubiectes a mutation
qu'aucunes autres des mõdaines, cõme celles qui ſõt
ſoubz le gouuernemẽt et adminiſtratiõ du plus ua
riable ſeigneur du mõde. Et quãd ce malẽcõtre ad‑
uiẽt, de tãt ſemble la miſere plus grieue, que la fe‑
licité auoit plus d'apparẽce de durer. Adõc Meſda‑
moyſelles ſe plaignent les amoureux a bon eſcient,
alors blaſmẽt ilz a bõ droict leur propre beſtiſe, et
atant

atant se faschent de uiure, comme uous uoyez qu'il faict a moy, et que i'espere uous faire entendre par ces rymes : lesquelles si d'auanture uous semblent plus prolixes que les passees, sachez que c'est a raison de ce qu'elles ont eu regard a la uiolence de mes martyres, et ne leur a semblé les pouoir exprimer en moindre nombre de paroles.

Iamais amant ne passa iours & nuyctz
Plus en repos, ny auec moins d'ennuyz,
Et ne fut onc en estat plus heureux,
Que moy, du temps qu'au uray stile amoureux
M'exercitoys, non en ce dolent cy,
Qui n'est orné que de pleurs & soucy.
Bien est changé de ma uie le cours:
Mon printemps mort, & finiz mes beaux iours,
Qui ne scauoyent que c'estoit de complaindre
En grieues nuyctz horriblement a craindre,
Estant banny de ma prosperité,
Dont mon stile est de douleurs herité.
Ie n'eusse creu d'un estat si perfaict
Pouoir tumber si bas, comme i'ay faict:
Ny de doulx stile en ce rude & nuysant:
Mais onc Phebus ne feit iour si luysant
Qu'il n'ayt esté suyuy de nuyct obscure:
Comme le rire est de pleur, soing, ou cure.
Le pleur suyuoit mon rire de bien pres,

E iiij

Que i'ignorois, aueugle par expres:
Car i'eusse adonc exterminé ma uie,
Quand de plaisirs elle estoit assouuie,
Pour ne gouster ce fiel du temps diuers,
Qui rend amere & ma bouche, & mes uers.
    Helas Amour, qui a mon stile fuz
Doulx argument, & or le rens confuz,
Ou sont les iours qui m'estoient sans bruyne?
Quel tourbillon de malheur me ruyne,
Faisant froisser ma nef contre un rocher,
Ou noire nuyct me contrainct approcher?
    Ou sont mes nuyctz tant gayement ueillées,
Rymes chantant doulces, non trauaillées,
Ayant pouoir d'appaiser larmes d'œuil?
Qui me les a conuerties en deuil?
Las mort fusse ie auant que la fortune
M'eust faict errer en nuyct tant importune.
    Des que ma nuyct ses tenebres doubla,
De mon Soleil la splendeur se troubla:
Et si luysoit plus qu'autre au monde ueue.
Las un temps fut, ma muse estoit pourueue
De chant allegre: & maintemant gemis
D'estre en si grande amertume soubzmis.
    Dea si plusieurs contemploient en seiour
Le mal que i'ay depuis l'heure & le iour
Que la cruelle ayant sur moy puissance,

                              Reduict

R eduict en pleurs ma seule esiouyssance:
M on poure esprit en seroit plus content:
M ais il n'aura de bien iamais autant:
 Car la Tigresse ayant donné dentée
A mon estat, & ma uie tentée,
F uyt en oyant ce mien stile tonner:
E t ne se daigne a pitie retourner,
C e nonobstant que souuenir luy face
D es premiers iours, qu'obscure nuyct efface.
 La nymphe Echo m'escoute, & a mon son
F aict accorder son antique lecon,
A insi que moy, plaignant mon piteux sort.
M ais si en fin de miseres on sort,
V n terme brief mes iours esgaulx fera:
L ors ma uoix simple a gemir cessera.
 Loyaux amantz, iadis mon stile estoit
T el entre uous, que souuent contentoit
L es plus faschez: mais ores un seul poinct
N e peult changer du tourment qui me poinct.
A insi en prend a qui quand le iour luyt,
N e pense au mal de la future nuyct.
 Qui doncques ueult, s'esiouyr a ma note
P eult aussi bien que celle que ie note,
Q ui tant me faict en horreur grande auoir
M a propre uie, & mon peu de scauoir:
V eu que d'estat tranquille m'a mis bas,

Et sans forfaict priué de tous esbatz.
Fuyez de moy donc heureuses iournées,
Et uous o nuyctz de plaisir attournées:
Car mon estat a pris un autre ply,
Et mon cueur uict de tourment accomply.

Vous pouez maintenant Mesdamoyselles ueoir a quel port la secōde fortune nous faict arriuer: car supposé que la mort me seroit plus agreable que la uie, si est ce que maulgré moy ie uiz. Toutesfois il en est beaucoup d'autres, qui ne peuuent resister a l'assault d'une grieue melancholie apres une extreme lyesse. Et si uous en uoulez des exemples, la mort entrerompit a la Royne Artemisia la felicite de ses amours par le trespas de son mary, & luy feit consommer en pleurs le residu de sa uie ennuyeuse. Chose qui ne feust aduenue, si elle se feust moderement esiouye en ses prosperitez. Pareillement la miserable Dido perdeit tout usage de raison, quand elle se meurdrit de ses propres mains pour Aeneas qui l'auoit abandonnée. Certainement il est a presupposer, qu'elle ne feust cheute en telle frenesie, si preallablement n'eust eu la fruition de plaisir en ses entreprises amoureuses. Et la dolente Niobé, ne trouua elle aussi la perdition de ses enfans insupportable, consideré qu'elle auoit en eulx constitué le but de sa felicité? Voyla comment

ment Mesdamoyselles il en préd a toutes personnes qui ayment sans mesure: car si leurs friuoles resiouyssances sont seulement enflées d'une simple faueur de fortune: ou bien elles les meynent a une mort estrange & cruelle: ou bien (cessant le uent prospere) les font heritiers de perpetuelle tristesse. Mais si elles sont aucunement temperées de disfaueur, ueritablement ilz sont faschez tant comme elle regne en leurs pensées. Puis si elles s'enuollent tout a une foys sans aucune moderation de tristesse, asseurez uous qu'elles ne laissent a leurs poursuyuans sinon repentance & ennuy. La raison est, que quand noz entreprises ne succedēt selon nostre desir, mais tournent en perte ou dommage, incontinent le repentir nous assault. O doncques amere doulceur, o medecine mortifere. O ioye inique & douloureuse: ueritablemēt tu ne laisses a tes possesseurs fruict plus sauoureux que le regret. O delectation, qui comme fumée subtile, n'es plustost apperceue, que tu esuanouys: & de toy ne demeure a noz yeux autre chose, que le pleurer. O aelles, qui nous esleuez trop en hault, & incontinēt que la cire dequoy uous estes attachées, uient a fondre, noz espaules demourent desplumées: dont comme nouueaux Icares trebuchons en la mer ample & large. Voyla (sans point mentir) Mesdamoyſelles les beaux plaiſirs qui ſe recoyuent en aymāt. Mais ie uous ſupply, uoyōs a ceſte heure les fraieurs & craintes qui en deriuent.

Les Poetes qui ſont couſtumiers de cacher la uerité ſoubz le uoyle de fictiō, dyēt q̄ dedās les abyſmes, entre les troupes deſolées des malheureux dānez, il en eſt un entre les autres a q̄ pēd ſus la teſte une groſſe roche ſeulemēt attachee d'ũ petit filet: et q̄ ceſtuyla regardāt ſans ceſſer a la ruyne imminēte, eſt a merueilles eſpouenté, et demeure cōtinuellement en ceſte perplexité miſerable. A la uerite (Mesdamoyſelles) qui uouldra conferer l'eſtat des amoureux a celuy de ceſte poure ame, il y trouuera bien grande affinité: car les dolentz infortunez ſont en perpetuelle crainte de perdre ce qu'il leur ſemble auoir acquis a grand labeur: & touſiours ont deſſus leur teſte la perdition de leur bien pretendu: parquoy uiuent en ſouſpecon intolerable, ayans ie ne ſcay quoy dedans le cueur, qui les importune a toutes heures, leur prediſant quelque mutation redoutable. Mais qui eſt celluy d'entr'eulx qui n'ayt peur en toutes occurrences du courroux de ſa dame, et ne preſume qu'elle ueuille faire nouuel amy: ou ne luy ſoit fortraicte par aucune practiq̄ ſecrete, cōme lon en uoit tous les iours un millier d'experiences? Quant eſt a moy, ie ne puis croyre re qu'il y en ait un seul au monde (quelque faueur qu'il ait en amours) qui ne soit mille fois le iour sollicité en sa pensee, de crainte que sa dame ne uoyse au chāge. Mais uous me pourriez demāder, Peult on recueuillir de ces sollicitudes fruict plus amer que ceste crainte? Ie uous respons (certes) qu'ouy, non pas un seul, mais infiniz: car elle est racine & semence de plusieurs autres malencōtres, consideré que pour obuier aux ruynes uisibles, lesquelles nous estimons pouoir derompre en trebuchant l'edifice de nostre felicite, nous taschons les estanconner par le dommage ou mort de beaucoup de personnes. Et pour approuuer ce mien dire, l'adultere Aegisthus en tua son cousin germain, qui retournoit de la guerre de Troye, craignant que sa uenue feist aneantir ses plaisirs. Semblablement le maniaque Orestes en meurdrit le sien, & le feit tumber mort deuant l'autel des dieux, au beau meillieu des prestres sacrifians, pour garder que l'amour reciproque de luy et de la sœur de sondict cousin, ne feust par sa presence diuertie. Ie uous prometz bien mes damoyselles, qu'il me desplaist grandement de me promener entre tant de choses enormes. Toutesfois puis que i'ay a uous demōstrer quel est cest Amour lequel comme chose bonne messire Gismondo magnifie tant en soy mesmes, il est besoing q̄ ie le uous face uevoir painct de ses couleurs, desquelles i'en laisseray parauanture autant derriere en raisonnant, qu'vn nauire laisse de gouttes d'eau apres soy quand estant poulsé de uent prospere, il single en mer a pleines uoyles. Mais entrons (s'il uous plaist) aux douleurs que cause & engendre cest Amour, afin que soyons plustost arriuez au bout de ces calamitez.

Cōbien, mesdamoyselles, que douleur ayt ses racines dedans le desir aussi bien que les deux autres passions decidées: si est ce qu'elle croist & augmēte plus ou moins selon que les ruysseaux de ioye l'ont peu mouiller & enroser. Mais pour en uenir aux exemples: il est assez de poures amoureux qui pour un seul regard de trauers de leurs maistresses, ou bien pour trois motz de gaudisserie, se sentent naurez & oultragez comme de troys grieues playes mortelles: & ne peuuent considerer qu'elles sont coustumieres de ce faire, sans scauoir comment, ny pourquoy, si n'est seullement pour emmarteler leurs seruans, qui s'en tourmentent & contristent sans aucune consolation. D'autres, pour ne scauoir peruenir a la fin de leurs desirs, pensent a se priuer de uie : & aussi font aucuns resueurs, lesquelz y estans abbordez, ne peuuent auoir pleine iouyssance comme ilz la
uouldroient

uouldroient bien souhaitter. Puis a ce mal se suradiouste une rancueur continuelle, qui est certes un inconuenient des plus pernicieux que lon scauroit imaginer. D'auantage plusieurs uenuz a la fin de leurs soulas par la mort de leurs amyes, plaignent sans ordre & sans mesure: dont en quelque lieu qu'ilz regardent, iamais ne uoyent sinon leurs images palles, & froydes. Et a ceulx la, tant comme ilz uiuent, le temps ne abolit la semence des douleurs prouenues en leurs ames, non plus que l'yuer ne despouille tous arbres de leur feuilles: ains cõme a certaines plantes durãt la saison du doulx printemps en croist des nouuelles sus les uieilles branches, ainsi a telz passionnez s'augmente douleur sus douleur: & tant plus se uont continuant a uiure apres le trespas de leurs dames, plus amassent ilz de miseres & desolations : Car s'appuyant sus le fer qui les naura, font de iour en iour leurs playes plus larges & profondes. Croyez aussi, Mesdamoyselles, que le nombre n'est pas petit de ceulx qui par la cruaulte de leurs maistresses, estant tumbez du comble de felicite dedans le gouffre de malheur, se disposent d'esloigner le monde, pour les rendre ioyeuses & contentes: & ces malheureux en leur exil ne sont curieux de rien

que de pleurer: et ne deſirent autre choſe, que d'eſtre extremement infortunez. Voyla qu'ilz ueulēt,
uoyla dequoy ilz ſe paiſſent, uoyla ce dont ilz ſe
conſolent, & a quoy d'eulx meſmes ilz ſe prepa-
rent le ſentier. D'auantage iamais ne uoyēt le Ciel,
le ſoleil, ou les eſtoilles leur rendre clairte, fors te-
nebreuſe: & ne leur ſont ny doulces ny ſuaues les
herbes, fontaines, fleurs, cours de ruyſſeaux, obgect
de foreſtz uerdoyantes, uēt fraiz, ny gracieux umbrages: ains en demourant ſolitaires, cloz & reti-
rez en leurs reſueries auec les yeux enflez de larmes, uōt cherchāt les uaulx plus deſtournez, et les
boccages plus deſers, s'efforceās d'abbreger leurs
languiſſantes uies: et en ces ſolitudes laiſſent par
foys eſchapper des lamentations piteuſes, expreſſi-
ues de leurs angoiſſes, qu'ilz racontent a quelque
ſouche morte, ou a quelque beſte ſauuage, comme
ſi elles auoient intelligence & pouoir de leur donner allegement, quand ilz font comparaiſon de
leur miſerable eſtat a icelles ſouches ou beſtes.

Aurez uous maintenāt courage meſſire Giſmōdo
de ſouſtenir qu'amour ſoit choſe bōne? Voſtre cueur
ſera il tāt braue qu'il ueuille perſiſter en ſa premiere opinion? Certainement Meſdamoyſelles, puis que
ie uous ay faict congnoiſtre l'une apres l'autre les
angoyſſes prouenantes des deſir, ioye, triſteſſe, &
douleur:

douleur: il me plaist a ceste heure que confusement & sans ordre nous discourions atravers leurs destroictz. Et avāt que ie m'adresse plus vers un lieu que vers un autre, ie traicteray des commencemens & principes de ceste furie, laquelle ce menteur cauteleux engraue dedans noz courages soubz espece de passetemps, & non de larmes ou forcenneries, combien que ce soient les vrayes sources du manifeste peril de nostre vie: car il aduiēt mille & mille foys en l'ānee qu'une simple parole, un souzriz ou mouuemēt d'œuil surprennēt noz affections par merueilleuse violence, & sont cause de nous faire mettre tout nostre bien, honneur, et liberté, en la puissance d'une femme que ne congnoissons plus auāt, sinō qu'elle est de nostre sexe. Et tous les iours se faict la preuue, qu'une contenance a marcher, & une modestie en seant, seruēt de fusil & amorse pour allumer des feux inextinguibles. D'auātage laissant apart les singularitez du corps, desquelles aduient le plus souuēt que la moindre (parauanture) nous encheuestre: combien de foys voyons nous aduenir qu'un seul souzriz faict succuber un poure maladuisé? Et ceulx qui ne peuuent estre esbranlez par ceste voye, une larme faict courir a leur euidēte ruyne. Helas a combien de poures imprudentz a esté une blancheur de visage prouenāte de quelque

F

maladie, uray commencement d'une pire palleur? Cõbiē aussi en est il de ceulx qui n'ayans sceu estre saysiz par doulx et attrayans regardz au meillieu des iardins delectables, se sont puis apres laissez prendre a ueues mornes & estainctes, au moyen d'une grosse fieure, qui les faict entrer en chault mal? Combien de bons compagnons ont dissimulé d'estre pris, & puis ayans par ieu mis la teste dans le collier, y sont par force demourez estrainctz de neux indissolubles? Combien d'autres uoulans faire eschauder quelqu'un, se sõt eulx mesmes gettez au feu, ou ilz ont eu tout besoing de secours? Combien semblablement d'infortunez escoutans autruy blasonner les graces et uertuz d'une dame estrãgiere, se sont approchez de mille martyres? Helas moy poure langoureux, pleust a dieu que i'eusse tant seullement celé ce poinct.

A grand peyne eut Perotino proferé ces paroles, que soudainement luy tumberent les larmes des yeux, & entrerompit sa loquence qu'il auoit parauant assez prompte & expediée: dont toute l'assistence uaincue de pitie, s'estonna grandement, & demoura muette. Mais quand il commencea de reuenir a soy, poursuyuant son entreprise, en uoix casse & hastiue il se print a parler ainsi:

Quand

Quand cest enfant fier & cruel appercoit que noz cueurs sont espris de telles flammeches: il entretient & augmente son feu d'esperances & desirs, nonobstant qu'icelles esperances defaillent souuentesfois en nous, comme celles qui se procréent d'accidentz estranges & inopinez. Mais les desirs amoureux ne se consomment ordinairement auec elles: car nous qui sommes humains, opiniastres de nature, tant plus une chose nous est interdicte, plus auõs nous enuie de l'auoir. Et Amour a telle proprieté en soy, que tant plus il sent en noz cueurs defaillir l'esperance, plus la faict il deuenir grande & enflammée a la suscitation des desirs: lesquelz en croyssant pareillement d'eulx mesmes, font augmenter les douleurs: qui puis apres sortent miserablement de noz poictrines en souspirs, larmes & gemissemens: mais c'est le plus du temps en uain: dequoy uenans a nous apperceuoir, sentons angoisse d'autant plus excessiue, que uoyons noz dolentes uoix estre emportées par le uent, & qu'en uersant ruysseaux de larmes, nostre ardeur ne uient a s'estaindre, ains en redonde plus cuysante que iamais. En ce poinct la, mesdamoyselles, noz propres mains s'appareillẽt a nous deffaire, et inuoquons la mort pour extreme secours. Mais nonobstãt toutes ces choses, et combien que se douloir en ceste maniere, accroysse le mal qui nous tourmente, mesmes que ce soit acte pusillanime de s'aller ainsi lamentant, encores sert il d'umbre d'allegeāce, de se pouoir complaindre de ses oppressions. Et au contraire est un cas miserable ne pouoir en aucune maniere (estāt molestez de noz angoisses) getter une seule uoix douloureuse pour exprimer, lors que le uouldrions bien faire, & que le besoing le requiert, le mal qui tant nous faict de guerre. Mais quand il fault soubz un ioyeux uisage tenir caché au fons de la pensée, le tourment que l'ame supporte, & ne pouoir par la uoye des yeux donner yssue aux cogitations amoureuses, lesquelles estant closes & couuertes ne seruent seulement de matiere pour entretenir le feu, ains le font augmēter a grand puissance: croyez ueritablement que cela est une passion superlatiue a toutes autres: car tant plus est le feu secret, plus se rend il terrible en noz poictrines. Or ces accidētz ia nombrez ne sont moins domestiques des amoureux, que les uentz & la pluye sont a la region de l'air. Helas que dys ie Mesdamoyselles? Sans point de doute le nombre en est infiny: et le moindre de la troupe est suffisāt p soy a nous cōuertir en desespoir. Quil soit ainsi, un poure mal conseillé fera la court a quelque dame cruelle: & en requerant, seruant, & gettant

force

force larmes, nauré de douleur mortelle, yra consommant ses biens & sa uie entre mille pensées angoisseuses: mais tousiours il se renflammera de nouueaux desirs. Vn autre seruira a une dame benigne, & de doulce accointance, mais la mauuaise fortune luy sera tant contraire, qu'il ne pourra bouter la faulx en sa moysson: dont tant plus se uerra pres du but d'auoir fruition de la chose desirée, plus sechera il sus le pied, uoyāt qu'il ne pourra puenir a ses attainctes: parquoy sera ung secōd Tātalus, mourant au meillieu de ses biēs. Quelque autre deuenu esclaue d'une maistresse muable a tous propoz, auiourd'huy se dira content, & demain malheureux: et tout ainsi que les escumes de la mer agitées du uent et des undes, uiennent aucunesfois a bord, & soudain retournent en arriere: ainsi le poure langoureux tantost hault, tantost bas, tantost chault, tātost froid, entre la craincte et l'esperance, sent & supporte toutes sortes de tourmens, sans auoir aucune stabilite en son estat. Quelque autre ignorant se paistra de fol espoir, qui l'entretiendra miserablement en tristesse tout le residu de sa uie. Et s'en trouueroit bien aucuns pleins de si folle credulite, qu'ilz estimeront toutes les choses de ce monde pouoir plustost succūber et faillir, que la foy qu'on leur a promise: mais puis ilz sçauent

F iij

par eulx mesmes si les promesses amoureuses sont de uerre, ou matiere solide: car si tost que leurs pensers se treuuent a sec, ilz deuiennent plus estonnez que si la terre abysmoit dessoubz eulx. D'auantage mille autres soudaines occurrences prouiennent de la felonnie de cest amour, & nous tourmentent en sorte que nous en perdons le repos & le repas, pourautant qu'elles apportent si grand nombre de sollicitudes, que c'est pitié de le rememorer. A l'un par plaindre la maladie de sa dame, inquietant malheureusement son corps & son esprit. A l'autre par entrer en ialousie de quelque second qu'il aura descouuert, dont il ardra de male rage, & accusera tantost ce nouueau suruenu, & tantost sa dame inconstante: tellement qu'il n'aura iamais paix en son cerueau iusques a ce qu'il l'estime toute sienne. Vn autre pertroublé des nopces inopinées de sa maistresse, receuera en son cueur l'appareil de la feste, & les triumphes qui s'y feront, comme si c'estoient ceulx propres de sa pompe funebre, & ia ne les regardera de meilleur œuil qu'il feroit les instrumens de sa mort. Plusieurs autres aussi fortuitement surpris de subite occasion de douleur, se lamenteront en diuerses manieres: desquelles si de bon encontre la magnanimité du courage ou la fortune font cesser
la moindre

la moindre qui soit, il en renaistra par trop d'autres plus oultrageuses & molestes, qu'elle n'auoit iamais esté: de sorte que qui auroit a cõbatre l'Hydra d'Hercules, ne se trouueroit a beaucoup pres en tel danger, que celuy qui uouldroit faire preuue de sa force contre les allarmes d'Amour. Et ce que i'allegue des hommes, aduient souuẽtesfois des femmes. Toutesfois, Mesdamoyselles, ie uous supply ne le prendre en mauuaise part, mesmement si ie dy en uoz presences, que coustumieremẽt uous estes plus enclines a ces passions, & plustost subiuguées que nous: uoire que uoz flammes ardẽt plus clairemẽt que les nostres, nonobstãt que plusieurs petites particularitez uous doyuent rendre plus aduisées que ne sõmes. Encores oultre toutes ces choses il y a les premieres ardeurs, lesquelles uenãt a s'emprendre dãs les affectiõs pueriles, sont autãt dõmageables q̃ peult estre une excessiue chaleur au tẽdres bourgeons. Mais si elles se font sentir en la uirilite, leur uiolence s'en rend beaucoup plus furieuse. la raison est, que quãd le ciel a longuemẽt esté pur et serain, alors qu'il uiẽt a se troubler, il deuiẽt plus espouẽtable, que s'il eust esté parauãt esmeu de pturbatiõs diuerses. Et a ceste cause, ou en ieunesse ou en uieillesse, quãd nous sõmes attainctz de ce mal, croiez q̃ nostre uie est exposée a dur party, et q̃ sõmes en

perilleux passage, & soubzmis a des conditions plus difficiles qu'on ne pense. Qui plus est, quand les maladies amoureuses sont inueterées en nous, il n'y a plus ordre de les guerir: car on n'y peult applicquer medicine qui profite, pource que l'usance ne se peult delaisser qu'a bien grand peine, & en nous y accoustumant de iour en iour sans aucun esgard ou cõsideration, alafin entrõs sans filet dedãs un labyrinthe perilleux: & quand il nous uient uolunte de retourner, possible n'est de trouuer le chemin pour en sortir. Dont aduient souuentesfois que tant nous exercitons en nostre mal, qu'encores qu'il feust en nostre puissance de prendre les remedes conuenables, si ne daignerions nous y mettre la main. Finablement il y a les longues discordes, les brieues angoisses, les reconciliations mal basties, les renouages des amytiez rompues, qui sont perilleuses & a douter, pourautant que les rencheutes en fieures, sont trop plus offensiues, que les premiers accidentz. Il y a d'auantage les souuenances du temps malheureusement perdu, qui sont aigres comme lon scait. Et a dire le uray, la miniere d'infelicite est le recors d'auoir esté heureux en quelque temps. Puis il y a les departies, qui sont (certes) ennuyeuses & grieues le possible, principalement celles qui se
concluent

concluët en une bienheureuſe nuyƈt, entre larmes ſouſpirs, et doulx embraſſemens continuez par lõgue eſpace, a la fin deſquelz ſemble aux poures amans que leurs cueurs ſe departent. Mais, o mon Dieu, combiẽ ſont ameres les longues abſences, auſquelles lon ne uoit iamais rire le poure martyr, conſideré qu'il ne peult ueoir choſe qui luy plaiſe: ains aiant le penſer fiché en ſa dame, comme les mariniers a la tranſmontane, paſſe la fortune de ſa uie non ſans grand peril de ſa perſonne: car aiant ordinairement un fleuue de larmes angoiſſeuſes a l'entour de ſon cueur, et la bouche occupée de ſouſpirs: il eſt en eſprit, ou ſon corps ne peult eſtre: et ne ueoit choſes en ce monde (combien qu'il en regarde peu) qui ne luy ſoient occaſion de pleurs infiniz. dequoy ie uous rendray maintenant preuue ſuffiſante par le miſerable exemple de moy meſme, de qui la uie eſt (ſans point de doute) telle, que mes chanſons la deſcriuent, & parauanture beaucoup pire: mais pource que ie ſuis deſia ſi auant, il me ſemble que ce ne ſera hors de propos uous en dire deux que i'ay faiƈtes, oultre les recitées cy deſſus.

Puis que mon ſort cruel, trompeur en apparence,
A trop iniquement eſtainƈt mon eſperance
C ontre l'œuil qui a pris d'autruy compaſſion,
D e peyne en peyne uois, a pas lent & debile

Par sauuages sentiers, passant mon temps labile,
Et inuoquant la mort, pour fin de passion:
Car ie sens mon esprit en nue se resouldre,
Et mon corps peu a peu se consommer en pouldre,
Fondant ainsi que neige au soleil aspre & chault,
Veu qu'une idee suyt mon ame, & la moleste,
A quoy fuyr uouldrois, mais un desir m'arreste,
Si cuysant, qu'autre feu comparer ne luy fault.
I'en pleure, qui soulois en repaistre mes yeux:
Et seble a maintes gēs que ce soit pour mō mieux.
 Mais quãd plus ne me luyt ma trãsmōtane belle:
En tenebres m'en uois errant de fureur telle,
Que ie dy murmurant a trauers les sentiers,
Accompagné, sans plus, de rage qui me boute,
Las ou uas tu chetif? quel malheur te deboute
De pouoir peruenir a tes desirs entiers?
Et en ce mesme instant hors de mes yeux ie uerse
Vn gros torrent de pleurs, par facon tant diuerse,
Que les roches pourroye a larmes esmouuoir.
Et afin que plus soit mon angoisse doublée,
Ou ie tourne ma ueue estrangement troublée,
Madame en son essence y cuyde apperceuoir:
Dōt en quelque destroict que mō pied puisse aller,
Auec elle me faict ce fantosme parler.
 Voyla comm' il m'en est, les piedz seruent a moy,
Et le cueur a autruy, soubz amoureuse loy:

Dont

Dont mes pas sõt mouillez de larmes trop ameres.
Puis pensant,qui es tu?quel homme as tu esté?
Qui rauit le grand bien que Dieu t'auoit presté,
Et t'embarre au destour dont eschapper n'esperes?
O poure infortuné, que ne t'es tu deffaict
Premier que de te ueoir malheureux tout a faict,
Et ainsi pourement esloigné de plaisir?
Est ce pour a iamais uestir habit de deuil?
O Monde,o ennemy trop contraire a mon ueuil,
Helas fatal decret,ou me faiz tu gesir?
Seroit ce point afin qu'aucun homme uiuant
N'endure autant de mal en son bien poursuyuant?

    En tous lieux ou il plaist a mes piedz discourir,
Ie pretens descharger auant que de mourir,
Mes yeux de leur fardeau:car rien tant ne desirẽt.
Ainsi ie uoys cryant,O chetif amoureux
Tes beaux iours sõt uollez,dõt tu es douloureux:
Et regnẽt les grãds maulx qui le cueur te desirẽt:
Veu que le doulx regard ores tourné en fiel,
Est fisché en mon sens comme une estoille au ciel.
Puis le uisage rond,qui mon Soleil estoit:
Le maintien gracieux,les honnestes propoz,
Qui remettre souloyent mon esprit en repos,
En luy anichilant les peines qu'il sentoit,
Ordonnent aux pensers me faire guerre telle,
Que merueille est me ueoir en la uie mortelle.

Si ne veuil ie pourtant maintenir que i'y suis
Errant comme ie faiz en tenebreuses nuyctz,
Ains au nombre des mortz sans espoir de secours
Estainct pour le plaisir, & uif pour le martyre:
Parquoy le cueur dolent aux desers se retire,
Et de pleurs se suffoque en faisant ses discours:
Car il ueoit et entend a toutes heures celle
Qui allumoit en luy l'amoureuse estincelle,
Et qui l'a par puissance en fontaine reduict,
Ne uoulant seulement la moindre part estaindre,
Du feu qu'elle cõgnoist iusqu'aux moelles attaindre
Dont en termes piteux ceste plaincte il produit:
O dure destinee, o ciel plus que peruers,
Pour quel merite suis ie en estat si diuers?
Las chãson, desormais s'en ua mourant ta souche:
Mais non pas la douleur qui en seue la touche:
Dont la cause uouldroye en l'escorce grauer
Pour mõstrer cõme Amour scait les hõmes greuer.

Ces uers finiz Perotino feit un peu de silence: puis apres auoir getté quelques souspirs, qui sembloyent proceder du fons de sa poictrine, et demõstroient apertement ses angoisses interieures, il se print de rechef a dire ceste autre chanson:

Ie uoys fuyant Amour, mais rien ne sert la fuyte
Pour ma uie sauuer languissante a sa suyte,
Et l'oster hors du ioug tant melancholieux,

V eu que le souuenir qui me brusle & consomme,
I ncite mes ennemys a redoubler leur somme,
E t en laisser memoire eternelle en tous lieux.
 Amour, s'il est ainsi que ton ueuil y consente,
F aiz aumoins que madame une partie en sente:
E t porte incontinent ceste derniere uoix
O u mon esprit estoit n'agueres uif & fort,
M ais a present soubzmis a piteux desconfort
P ar l'exil uoluntaire, ou forcené m'en uoys,
Q ui m'est a supporter autant ou plus nuysant,
Q ue le prospere estat me fut doulx & duysant.
 Quãd le uët sus les mõtz faict mouoir la uerdure,
I e souspire a l'enuy pour le mal que i'endure:
T outesfois ie le prie au ciel en faire foy.
P uis si quelque fontaine ou ruysselet se treuue
A udeuant de mes pas, en mes yeux faiz espreuue
V n torrent distiller plus abondant en soy.
P areillement si fleur ou feuille ie regarde,
Q uelqu'un (a mõ aduis) me dict, donne toy garde:
C ar de brief secheras comme ces choses cy.
C e nonobstant i'engraue en mon Ame obstinée
C elle par qui me uient si dure destinée,
E t dont la remembrance augmente mon soucy,
V eu q̃ plus ie m'y fonde, et plus en mõ cueur sens
Q u'Amour a conspiré me priuer de bon sens.
 Souuent par desespoir sus l'herbe ie me couche

En place ou le Soleil de ses rayons ne touche:
Car l'horreur des forestz umbrageuses me duyt.
La uoys rememorant la beaulte de la ueue
Qui ma pensee auoit de lyesse pourueue,
Et or a la combler de deuil prend son deduyt:
Puis afin que l'erreur ma pacience tire
A luy faire en clameurs desgorger son martyre,
Mes maulx uienn̄et a moy tous cōm'ilz ont apris.
Lors tournant a raison, ie me treuue si loing
Du secours desiré, dont i'ay plus que besoing,
Que mon esprit en est d'estonnement surpris,
Et gueres ne s'en fault qu'en l'umbrage il ne soit
En umbre conuerty, du deuil qu'il en recoit.
 A chascune des foys qu'atrauers la campagne
Vn Toreau ueoy brouter l'herbe auec sa cōpagne,
Ie leur dy en pleurant, & signe de la main,
O iolyes amours, o bien heureuse uie.
Tous les astres malingz qui sur nous ont enuie,
Vostre esperer ne font iamais friuole ou uain.
Vn mont, une forest, un pastiz, une plaine,
Vn desir, un soulas, une ioye sans peine,
Vous tient en unité: mais moy poure indigent
Combiē suis ie esloigné de ma dame et maistresse?
Helas si uous auez pitie de ma destresse,
Escoutez ma clameur qui trouble mainte gent.
Puis a mon resentir i'appercoy par expres

Que

Que pour chercher autruy, perdu suis a peu pres.
Amour mon ennemy, des tyrans port'enseigne,
Les riuages defers des grans fleuues m'enseigne,
Pource qu'il s'esiouyt quand il me ueoit fascher.
La ie descharge seul dans les uagues & undes
Mon cueur gros et enflé de ses douleurs profondes,
Qui sont horriblement amers a mascher:
Puis de greue et d'oubly luy faiz feuillage et plume
Le paissāt d'un morceau plus dur q̃ nulle enclume.
Et apres il retourne au corps tant bien formé,
Ne plus ne moins que faict le poysson qui se renge
A l'amorse, & pensant a la doulceur estrange,
Entre craincte demeure & desir enfermé:
Criant, helas penser ou est ta dame unique?
Mais entretant ie plains mon sort dur & inique.
Ma chanson, tu uiuras auec ce hestre uerd
Aupres de ta compagne, & là ferez demeure:
Mais deuil reprēdra place en mō cueur trop ouuert
Iusqu'a tant que le Ciel ordonne que ie meure.

Voyla Mesdamoyselles comment Amour nous bat de toutes sortes, & la cause pourquoy en tous climatz & enuers toutes qualitez de personnes, ardeurs, souspirs, larmes, angoisses, tourmentz, & douleurs execrables font ordinairement compagnie aux poures amoureux: lesquelz pour estre perfaictement consommez en toute mifere, ne font iamais ny paix ny treue auec les furies qui les irritent comme font toutes autres manieres de gens, a quoy la cruelle destinée, & l'obstination de leur courage, les induict, nonobstant que ce soit le propre de tous animaux se reposer apres le trauail, pour la conseruation de leur sante, mesmement quād ilz se treuuēt uains et lassez par auoir faict trop d'exercice. Qu'il soit ainsi, les petiz oysillons se restorent durant la nuyct, des uol et tournoyemens qu'ilz ont faict tout au long du iour. Semblablemēt les bestes sauuages se reposēt par les forestz. Et les poyssons de toutes sortes prēnent repos sur la mousse prouenue au fons des riuieres, ou sur les feuilles aquatiques: puis retournēt a leurs circuitions, autāt dispoz que de coustume. Et les creatures raisonnables diuersement trauaillées de leurs negociations ordinaires, a tout le moins au soir aisent leurs membres en quelque lieu: puis quand le somme les surprēd, iouyssent d'aucune restoratiō de leurs peines. Mais les miserables amoureux sont persecutez de fieure ardante, sans aucune intermission de leurs martyres: dont ilz se deulēt a toutes heures, estant desirez de leurs sollicitudes, ainsi que Metius Suffetius, qui fut desmēbré a quatre cheuaux. Le iour ilz ont en horreur leurs personnes, & le Soleil, pource qu'il cause recreation a toutes choses mortelles,

telles, qui leur semble contraire a la qualite de leur estat. Mais la nuyct leur est sans comparaison plus moleste et dangereuse, consideré que les tenebres induysent plustost a pleurer que la lumiere, pour estre du tout conformes a misere: qui faict que leurs ueillées sont excessiues, & bagneés de larmes angoisseuses, & le sommeil brief, penible, & remply de frayeurs, parauanture non moins humide que la ueillée: car nonobstant que le corps dorme, l'esprit ne cesse de pener, & rentre en ces apprehensions, ou par fantasies espouentables tient les sentemens troublez par plusieurs nouuelles idees de douleur. Parquoy le somme se rompt estant a grãd peine cõmencé: ou bien si le corps extenué le retient comme chose a soy necessaire, le poure cueur souspire en songeant, les espritz tremblent, l'ame se deult, & les yeux chétifz en larmoyent cõme ceulx qui sont usitez a suyure leur obiect, non moins en dormant qu'en ueillãt. Et a ceste cause tant plus sont les iours des amoureux pleins de tribulations & mesayses, plus sont leurs nuyctz douloureuses & agiteés de melancholie: car pẽdant qu'elles durent, ilz respandent parauanture autant de larmes, comme ilz ont le iour espargné de souspirs. Et pour auoir cõuerty leurs yeux en deux fontaines, iamais ne sont tariz d'humeur. Pareillement encores que leurs souspirs

G

soyent souuentesfois interrompuz a my chemin, si ne laiſſent les preſens a ſaillir tresimpetueuſement encores que l'air ſoit tout occupé des paſſez. Qui plus eſt, iamais n'amoindriſſēt ny douleur par douleur, cōplainctē par cōplaincte, ny āgoiſſe par autre angoiſſe, ains a tous propoz s'augmēte le dommage, & d'heure en heure ſe faict plus grief et pernicieux. Certainemēt Meſdamoyſelles un amoureux conceoit de ſes propres miſeres, puis il enfante ſes tourmens, tellement qu'il ſemble que c'eſt un ſecond Tityus, qui paiſt un Vautour de ſon cueur, & le renouuelle a toutes heures, encores qu'il ſoit mis en mille pieces par la morſure de ces trauaux. C'eſt a la uerite un ſecond Ixion, qui tournoiant inceſſamment en la roue de ſes malheurs, eſt tantoſt hault, tantoſt bas, & ne peult ſe deslyer de ce tourment, ains tant plus y eſt & tournoye, plus s'y eſtrainct il & affiche uigoreuſement. Ie ne ſcauroye Meſdamoyſelles uous exprimer en urais termes les peines dont ce tyran afflige ſes ſubgectz, ſi ie ne deſcens au profond des enfers, et ne uous paingz les extremes ſupplices des dānez, qui ſont parauanture plus tolerables que ceulx cy. Mais conſiderant qu'il eſt heure de mettre fin a ces propoz, et terminer ceſte matiere, ie me delibere de n'en dire d'auantage: car tāt plus on en deuiſe, plus y treuue lon a redire, qui
bien

bien le ueult conſiderer. Vous pouez doncques par les raiſons cy deſſus alleguées, aſſez comprendre quelle choſe eſt amour, & combien elle eſt dommageable a nous humains, leſquelz ceſt ennemy de nature taſche par tous moyẽs deſtruire et exterminer: ce qu'il feroit entierement, n'eſtoit q̃ ceſte dame nous a par grace ſpeciale pourueuz et douez d'entendement, qui eſt une partie diuine: et ce non a autre fin, que pour nous esleuer iuſques aux cieulx ſi nous paſſons purement noſtre uie entre les ſainctes amorſes de ceſt Amour, lequel nous priuant parfois de toute raiſon, nous tiẽt le pied ſus la gorge dedans le bourbier des delices mondaines, & faict en ſorte que pluſieurs y ſont miſerablement ſuffoquez. Et ne fault pas dire qu'il s'attache ſeulemẽt aux perſonnages de moindre eſtime et qualité, ains ſoubzmect auſſi biẽ a ſon obeyßãce, ceulx qui ſont mõtez aux plus haultz degrez de fortune, ſãs auoir eſgard a throſnes dorez, ny a ſceptres et couron̄es precieuſes: car il les traicte maintesfois plus inhumainemẽt, et auec moins de reuerẽce, uoire les plõge plus auãt en l'ordure, qu'il ne faict les gẽs de moyenne & petite condition. Et a ceſte cauſe ie dy que ſi la ieune fille qui en a premiere chanté a l'yſſue du diſner de la Royne, ſe plainct de luy, et l'accuſe de maleſice, que meſſire Giſmõdo ne la deuroit

G ij

redarguer ſinon de ce qu'elle faict ſa complaincte trop brieue contre ce manifeſte meurdrier des hommes. Maintenant doncques, o tyran, ie me ueuil attacher a toy, en quelque lieu que tu ſoyes: et ſi pourrois bien uolleter en ceſt air pour nous faire (parauăture) grief ou dommage. mais ſi ie te accuſe auec plus lōg proces que la ieune fille n'a faict, aucun ne s'en doit eſmerueiller, ſinō d'autant que ie puis former ceſte complaincte contre toy, apres auoir tiré mon col dehors la uiolente oppreſſion de tes piedz. Et ſi mes paroles ſont peu ſonnantes, & ſuccinctes en comparaiſon des crimes que tu cōmetz chaſcun iour, lont peult dire qu'elles ſortent d'un priſonnier merueilleuſemēt foyble et extenué. Toy Dieu mortel des umbres de mort, norriz d'amertume tes ſubgectz, & les payes de grieues douleurs: uoire qui plus eſt, leur monſtres ordinairement de terribles eſpreuues de ta deité erigée au grand dommage et peril de leurs uies. Helas helas traiſtre enchanteur, tu nous faiz biē deſireux de noz maulx. tu nous reſiouys biē de choſes triſtes. tu nous eſpouentes bien a toutes heures par mille noúuelles & inuſitées impreſſions de frayeur. tu nous faiz bien aumoins uiure en dolēte uie, et nous enſeignes bien la uoye pour tirer a mort languiſſante. Voyla doncques Amour, uoyla les beaux ieux que tu faiz de
moy

moy, qui ueins en ce monde franc & libre, et y fuz
assez gracieusement receu, menant une uie tranquille et asseurée, en la maisõ de mes progeniteurs,
& passant mes ans iuueniles sans lamẽtations &
souspirs, dont i'estoye entre les autres hommes singulieremẽt biẽ fortuné, si tu ne m'eusses iamais cõ-
gnu. Mais tu me mis entre les mains de celle que
i'aimay plus que ma propre uie, & la seruoye en
toute loyauté. En quoy, tant qu'il luy pleut, et qu'elle m'y uoulut entretenir, ie passay bonne partie de
mon temps auec plus grand contentement, que si
i'eusse esté l'un des plus fameux seigneurs de la ter
re. Mais helas qui suis ie a ceste heure? Quelle est
maintenant ma uie, o Amour? Certainement quand
ie me ueoy banny de ma chere maistresse, et esloigné de la presence de mes parens desolez, qui pouuoient heureusement terminer le cours de leur uie,
s'ilz n'eussent engẽdré un hõme tant malheureux
comme ie suis, et destitué de toute consolation: ie me
desplaiz grandement a moymesme, & deteste ma
mauuaise fortune, qui me precipite de misere en misere, & quasi faict seruir de fable en la bouche du
peuple, pourautant que ie traine mes chaines apres
moy, & que ie fuy la frequentation des hommes,
pour chercher iournellement lieu propice a ma se-
pulture: a quoy mon corps ne se ueult consentir, ains

G iij

me reseruãt en uie plus lõgue que ie ne uouldroye, faict que ie me cõtriste infinimēt de mes aduersitez presentes. Helas quand ce ne seroit que la pitié qu'il deuroit prēdre de me ueoir tant souffrir de maulx, trop meilleur luy seroit (ce me semble) de se reduire promptement en pouldre, pour assouuir de ma mort ce courage felõ, qui ueult que ie uiue maulgré moy d'une uie si lõguement tourmentée. Mais ie uous asseure Mesdamoyselles, que cela ne durera que le moins qu'il me sera possible.

A ces motz le poure gentilhomme mettant sa main en son sein, tyra un mouchoer auec lequel il se print a torcher ses yeux, comme il auoit desia faict une autre foys. Puis regardãt qu'il estoit tout trempé de ses larmes, recommencea de pleurer plus fort que deuant, adioustant encores ce peu de paroles aux premieres, O malheureux present de ma cruelle dame, Mouchoer infortuné, & tyssu en miserable mestier. Elle me demonstroit assez ouuertement en te donnant a moy, quel deuoit estre mon estat en son seruice. Helas tu me demeures seul pour recompẽse de tant de peines endurées a son occasiõ. Ie te prie, puis que tu es mien, ne te fascher si durãt le peu de temps que i'ay a uiure, ie t'enrose souuent de mes larmes. Et en ce disant, auec ses deux mains l'approcha de ses yeux, desquelz ia tumboyent les

ruysseaux

ruyſſeaux en ſi extreme abondance, qu'il n'y eut ny gētilhōme ny damoyſelle, qui ſe peuſt tenir de pleurer. Mais uoyāt qu'il demeuroit trop en ce martyre, la teſte appuyée ſus ſes genoux, ſes cōpagnōs, et les damoyſelles qui ia s'eſtoient leuées d'enuiron la fontaine, l'appellerent ſouuentesfois. puis congnu qu'il ne s'en mouuoit, & qu'il eſtoit heure de retourner a la court, ilz le leuerent par deſſoubz les bras, le reconfortant le plus gracieuſement qu'ilz peurent. Et pour l'oſter de ceſte melācholie, les damoyſelles le prierent qu'il leur laiſſaſt ueoir ce mouchoer, faiſant demonſtration qu'elles en auoyent grande enuie. laquelle choſe facilement obtenue, il fut baillé de main en main : puis en retournant deuers la porte du iardin, toutes enſemble prindrent grand plaiſir a le regarder, pource qu'il eſtoit d'une toille fort ſubtile & delyee, frangé tout a l'entour de fil d'or & de ſoye, et par dedās enrichy de pluſieurs animaulx, ſuyuant la maniere de Grece, donnant biē a cōgnoiſtre qu'il eſtoit faict de main d'ouuriere, qui auoit l'œuil a commādement. Cela faict, les gentilz hommes ſortiz du iardin, apres auoir accōpagné les damoyſelles iuſques au Palais, pource que Perotino ne uoulut pour ce ſoir ſe trouuer au feſtin, ilz deſcendirēt auec luy, et paſſant de propos en propos, afin qu'il entr'oubliaſt partie de ſes tri-

G iiij

SECOND LIVRE DES

steſſes, ilz demeurerent quaſi tout le reſte du iour auec luy a ſe promener par campagnes et praries, ſoubz le fraiz umbrage des arbres qu'ilz trouuerent commodes a ce faire.

Fin du premier liure.

LE SECOND LIVRE DES AZOLAINS DE M. BEMBO.

Vand ie uiens a conſiderer que nature nous a cōpoſez de deux parties differētes, aſcauoir de l'ame & du corps, l'une fragile, et ſubiecte a corruption, l'autre immortelle, et participante de l'eſſence diuine: ie m'eſtōne grandemēt qui nous meut de mettre du tout noſtre ſollicitude a ſeruir la plus uile, & a poſtpoſer la plus noble, meſmes qu'il n'y a uiuant (tāt ſoit il de baſſe cōdition) qui ne taſche a munir ſon corps de quelque couuerture, & que ceulx qui en ont meilleur moyen, y emploiēt non ſeulemēt les pourpres & ſoyes delicates, mais (qui plus eſt) l'or et les pierres precieuſes, pour luy donner plus de grace & authorite entre les hommes: & encores qu'ilz ſentent leurs eſpritz deſnuez de toutes uertuz et couſtumes

couſtumes louables: ſi eſt ce que peu d'entr'eulx ſe mettent en peine de les garnir d'un ſimple uoyle de bōte: ains pour cōplaire a ce poix lourd, & maſſe terrienne, que petit nombre d'années anichilent & font retourner en pouldre, nous cherchons curieuſement les campagnes, les foreſtz, les mers, & les riuieres doulces, pour luy trouuer des uiandes exquiſes & delicates: combien que pour ſa ſuſtentation ſuffiroient les choſes communes, & produictes en tous endroictz par la prouidēce de nature. D'auantage pour le mettre plus a ſon ayſe, nous aſſemblōs des Marbres et Porphyres des plus loingtaines parties du monde, pour luy baſtir des chaſteaux et autres ſumptueux edifices, nonobſtant qu'une petite cabanne ſeroit ſuffiſante a le defendre de la neige & du Soleil. Mais nous n'auons ny ſoing ny cure de la partie celeſte, & ne prenons iamais garde a ce qu'elle eſt malheureuſement logée: ains luy propoſons pluſtoſt les feuilles ameres de uice, que les fruictz ſauoureux de uertu: & ſi la tenons plus ſouuēt enfermée en la priſon obſcure des uoluptez mondaines, que dedans les pourpriz clairs & delectables d'intelligence pour l'inuiter a bonnes & uertueuſes operatiōs. Mais quād nous ſentōs aucune partie du corps malade, ou aucunemēt debile, incōtinēt cherchons mille moyēs de reuocquer la ſanté esgarée: ou par le contraire faisons tresmauuais deuoir de procurer conualescence a noz espritz mal sains, & grandemēt extenuez: car iamais ne nous soucyons de leur donner medecine conuenable. Cela pourroit il point aduenir pource q̄ le corps est plus apparoissant que l'ame, & que nous auons opinion qu'il a plus de besoing de ces choses, qu'elle ne scauroit auoir? Certainemēt s'il est ainsi, c'est assez mal consideré: car (a la uerité) le corps n'appert pas tant a beaucoup pres, comme faict l'ame: ains est par elle en cest endroict manifestement surmonté: comme ainsi soit qu'elle a autant de faces, qu'elle monstre d'operations. Mais le corps en toute sa uie ne peult exhiber qu'une seule apparēce, laquelle en diuerses années ne se peult faire congnoistre qu'a bien peu de gēs: ou celles de l'ame peuuent en moins de rien estre congneues a tout le monde. Qui plus est, ce corps ne peult durer qu'un petit nombre de iournées: & l'ame demeure a perpetuite: uoire peult en soy par infiniz siecles retenir le bien & le mal aquoy l'auons accoustumée pendant qu'elle residoit en ce corps. Parquoy n'y a point de doute, que si les hommes pensoient (comme ilz deussent) a ces choses, & plusieurs autres qui se pourroient amener a ce propos, il feroit trop meilleur et plus beau uiure en ce monde, qu'il ne faict: car ayant cure suffisante

du

du corps, & decorant l'esprit & les pensées ainsi qu'il seroit biē necessaire, mesmes les norrissant de uiandes bonnes & salutaires, & leur preparāt le logis plus honneste que de coustume, nous en seriōs trop plus dignes que ne sommes, & mettrions entierement nostre sollicitude a les conseruer en deue integrité: tellement que quād il aduiendroit qu'elles tumberoient en inconueniens, incontinēt tascherions par toutes uoyes & manieres de les ramener en conualescence. Or entre ces infirmitez combien semble grieue & intolerable celle a quoy amour nous soubzmect, cela se peult assez comprendre par les discours & deductions que le seigneur Perotino en a faictz au liure precedēt. Toutesfois meßire Gismondo ne se ueult accorder a luy, ains maintient fermement une opinion toute contraire. a raison dequoy estāt les damoyselles retournées le iour ensuyuant apres le disner au iardin auec leur suyte de gētilz hommes, ainsi qu'il auoit esté arresté, & s'estant assizes dedans le pré ioignant la belle fontaine, soubz l'umbrage des Lauriers feuilluz, apres aucuns propoz ioyeux dictz par esbatemēt entr'elles, & les deux compagnons du seigneur Perotino: chascun attendant en grand affection que meßire Gismondo preinst la parole, il se meit a commencer ainsi:

SECOND LIVRE DES

Certainemēt(Mesdamoyselles)le seigneur Perotino fut hyer assez bien aduisé, quand il se meit a pleurer sus la fin de sa lōgue inuectiue, pour acquerir au moyē des larmes, ce qu'il ne luy sēbloit auoir obtenu par ses paroles, ascauoir uostre credēce a l'endroict des choses qu'il entendoit persuader. Toutesfois ie ne cherche point d'enquerir q̄lle operatiō ses larmes feirēt en uoz courages, cōsideré que ie scay par moymesme qu'elles me feirēt uenir si grāde pitié de sa fortune, que (cōme uous ueistes) ie ne sceu oncques retenir les miennes. Et ne fault dire que ceste douleur eut hyer seulemēt lieu en moy: car toutes les foys que i'y pense, ie m'en treuue plus que moyennement ennuyé, d'autant qu'elles affligēt un mien amy: & parauāture ne me sont gueres moins aspres, qu'elles peuuent estre a luy. Mais ces larmes q̄ a bōne cause peuuēt estre louées en mō endroict, comme procedentes d'un courage fraternel, et grādement affectionné: luy pourront entre les gens apporter honte & uergongne, pource qu'un homme de sa qualité, assez soingneusement norry des son enfance a l'exercice des bonnes lettres, se doit monstrer plus uertueux, & supporter plus constammēt les aduersitez de fortune, sans faire cas de ses assaulx: non se laisser subiuguer a elle, & puis par pusillanimité se complaindre & pleurer comme un enfant

enfant qu'on a battu. Toutesfois si de ses precepteurs premiers il n'a encores tant tiré de bon iugement, ou apporté de son berceau tant de courage, qu'il se puisse defendre des allarmes d'une femme qui est Fortune, laquelle est de nostre sexe, mesdamoyselles: si lon prend garde au genre de son nom, il eust (certes) moins mal faict, & chose trop plus conuenable a un homme franc & libre, si en confessant sa foyblesse, il se feust seulement lameté de soy mesme, & non d'aultruy, sur qui entierement il regette la coulpe. Mais quoy? Il l'a uoulu ainsi: & pour mieulx pallier sa uergogne, s'est allé plaindre d'Amour, iusques a l'accuser detester & reprouuer comme chose pernicieuse, uoire iusques a charger tous messaictz sur ses espaules, uoulāt par la, d'un liberal dōneur de repos qu'il est, d'un souuerain apporteur de lyesse, & d'un tressainct cōseruateur de la generation humaine, uous paindre un larron de tout bien, un producteur de malencōtre, & un dāgereux meurdrier des hommes. Et comme s'il estoit la sentine des uices du monde, Perotino, Mesdamoyselles, a getté sur luy toutes les ordures & infamies de nostre uie, le proclamāt a uoix tant estrange & diuerse, que ie pense (a la uerite) qu'il ne l'a tant faict pour couurir sa coulpe, que pour monstrer la force de son eloquēce. La raison est, qu'il a uoulu persuader a nous (qui, graces a dieu, congnoyssons assez le vray du faulx) qu'Amour (sans lequel les hommes ne pourroyent auoir aucun bien) est occasion de tout nostre mal. Mais il a faict en ce torrent couler tant de mensonges soubz apparence de verité, & les a sceu tant proprement adresser ou il vouloit, que (sans point de doubte) il eust faict venir une trop grande rauine d'eau sur ma personne (ainsi que ses menasses sonnerent des le commencement de son propos) si ie n'eusse eu a impugner ses sophismes en presence de personnes discretes comme vous mesdamoyselles, qui estes non seulement suffisantes d'asseoir iugement sur les controuerses liquidées (côme bien tost ceste sera) mais (qui plus est) idoines a confuter tous argumentz pour indissolubles qu'ilz puißét estre. Et afin d'en venir a la decision: sans vous tenir plus longuement en paroles, s'il vous plaist me prester audience paysible, ie viendray promptement a la matiere. Ce que ie vous supplie ne me refuzer: car a mon iugement elle m'est auiourd'huy plus conceßible, qu'elle n'estoit hyer a ma partie, veu qu'il est plus malaysé de desnouer les neudz faictz par autruy, que de les nouer par soymesme. Ce faisant, ie vous mettray la pure verite deuant les yeux, & vous feray congnoistre ce qui est grandement requis pour voz aa-

ges,

ges, & sans quoy tout le cours de nostre nature se doyt plustost appeller mort, que delectation de uie. Mais au cõtraire ce gẽtilhõme disãt (a mõ aduis) au plus loing de sa pẽsee, uous a mis en auãt des choses qui posé qu'elles feussent ueritables (ce qu'elles ne sont, et ne peuuent estre) ne seroiẽt seulemẽt pernicieuses a uoz personnes, ains auroient plus de conformité a la mort, qu'a aucune façon de uiure.

Sur ce poinct Madamoyselle Lisa se tournant deuers Berenice, deit en soubzriãt du coing de l'œuil:

Il me semble madamoyselle que ce sera biẽ faict de donner audiẽce a messire Gismondo, puis que ses propositions nous doiuent estre tant utiles. Et certainemẽt s'il est aussi bon obseruateur de promesse, cõme il est hardy prometteur: le seigneur Perotino ne trouuera ce iourd'huy un moins braue deffendeur, qu'il fut hyer uigoreux assaillant. A quoy Berenice luy respondit quelque chose en l'oreille, puis toute ioyeuse en apparence, & resolue d'escouter, se teut: & Gismondo se print a dire.

I'ay ce iourd'huy (Mesdamoyselles) a uous demonstrer une seule chose, claire assez de soy, & facile a comprendre, ascauoir la bonté d'Amour: en laquelle Perotino trouua hyer tant d'amertume, cõme uous peustes ouyr. Qui fut (certes) a bien grãd tort, ainsi que ie uous feray ueoir tout a ceste heure: car cela n'est seulement congnu de moy & des deux filles qui ont dōné le subgect a ceste dispute, ains de la plus grand part des uiuans, & mesmes de mon aduersaire, lequel i'estime auoir l'opinion contreuenante a sa parole. Et pource qu'il me fault passer atrauers l'espoisse forest de ses bourdes pour entrer au champ de mes ueritez: auant que faire autre chose, ie uiendray a repeter ses propositions: & en taisant l'origine qu'il a donnée a l'Amour (a-quoy ne me ueuil arrester) diray auāt toute œuure que au premier front de son inuectiue il getta hyer deux fondemens, sur lesquelz il donna quelque apparence de beau bastyment aux raisons concer-nātes son dire: ascauoir que lon ne peult aymer sans amer: & que toute amertume ne procede sinon de quelque amour. Et pource que du second poinct il s'adressa premierement a uous Madamoyselle Be-renice, qui des le commencement de son propos ap-perceustes qu'il uacilloit cōme un homme errant en tenebres: il me plaist la dessus de commencer a luy respondre en peu de paroles, n'estāt besoing de lōg proces pour confuter une mensonge tant euidente. A la uerite c'est pure follie de maintenir que toute amertume ne procede sinon d'amour: car s'il estoit ainsi, toute doulceur ne deriueroit que de hayne: la-quelle est autant repugnante a l'amour, qu'est l'a-

mertume

mertume a la doulceur. Mais pource que de ceste hayne il ne scauroit proceder aucune doulceur, & que d'elle entãt qu'elle est hayne, son naturel est de contrister & aggrauer toutes personnes, il semble pareillement que de necessité faille conclure qu'aucune amertume ne scauroit prouenir d'amour. Or aduisez seigneur Perotino, si ie ne treuue pas quelques armes pour me combatre a uous. Toutesfois passons oultre, & assaillons plus uigoreusement uoz mauuaises inductions. En deduysant trois especes de malheurs, uous inferez que toutes deriuent de quelque amour, comme les fleuues sont de leurs fontaines. En quoy certes me semblez argumenter assez friuolemẽt, & estre fondé sur une partie fort debile, laquelle cuydez soustenir par syllogismes uraysemblables, mais qui n'ont rien de uerite : car auant cela deuiez dire que si nous n'aymions quelques choses, iamais douleur ne nous poindroit : et par cõsequẽt qu'amour est la source et fontaine de toutes noz afflictions. puis falloit conclure que toute douleur ne procede sinon de quelque amour. Mais ie uous supplie, dictes moy seigneur Perotino, pourquoy n'alleguez uous par mesme uoye que si les hommes ne naissoyent, ilz ne seroient point subgectz a mourir? Nostre naissance (a uostre aduis) est elle occasion de nostre mort? Veritablement s'il

H

estoit ainsi, lon pourroit dire a bonne cause que l'accident des ruines de Cesar & Neron, ne proceda iamais sinon de leur natiuité : et que les nauires qui perissent en la mer, ne sont submergez sinon au moyen du uent qui leur fut bon & propice a l'yssue du port, & non par le contraire qui les meyne iusques a ceste extremité. Mesmes que les gens qui sont noyez, ne se doyuent plaindre d'autre chose que de leur partement du haure, pource que sans cela ilz ne feussent iamais tumbez en ce naufrage. Mais posé que le cheoir de prospere estat en basse & extreme misere, soit grandement moleste a ceulx qui sont couuoyteux des honeurs friuoles de ce monde, si nest ce pourtant a dire que l'affection que nous portons aux richesses & gloires humaines par uous obiectées, soit cause de nous faire douloir: mais l'infortune qui nous en despouille: car si telle couuoytise nous apportoit tant soit peu d'amertume, nous les aurions en abomination: ou feust que les possedissions, ou en feussions destituez. Mais lon ne ueoit homme qui s'en plaigne, si ce n'est en les perdant: parquoy est assez manifeste que leur couuoytise ne monstre en nous autre operation sinon qu'elle nous faict trouuer doulces et agreables les choses que fortune nous depart. Et si n'estoit cela, quelque perte qu'en peussions faire, iamais ne nous

en

en trouuerions faschez. Or si par desirer ces biens, lon ne sent aucune tristesse sinõ entãt que la fortune qui en est dispensatrice, les permute comme bon luy semble, & qu'Amour seulemẽt les nous faict auoir agreables: pourquoy uoulez uous maintenir qu'il est plus occasion de la douleur que nous sentons en leur perte, que n'est la fortune inconstante? Ie uous supply seigneur Perotino, dictes moy: Si en prenant uostre repas en ce festin, ainsi q̃ faisons d'ordinaire, un de uoz seruiteurs cõtre uostre uolũte uous ostoit un plat de bonne uiãde, lequel mesme il uous auroit seruy, puis uous plaignissiez du cuysinier, disant qu'il en auroit esté cause, pour auoir mis dessus une saulse trop sauoureuse: ne seriez uous par tous ceulx de la compagnie reputé homme de mauuais iugement? A la uerite si fortune nous despouille ueuillons ou non, des biens qu'elle nous auoit prestez, amour n'y a aucune coulpe: car seulement il les a faict trouuer agreables. Et si uous estiez en opiniõ cõtraire, ie uous iugeroie pertroublé de l'entendement. Toutesfois ie ne ueuil pas dire que uous en soyez iusques la: mais si est ce qu'on peult doubter q̃ les grosses melãcholies q̃ uous auez de lõgue main souffertes, et souffrez encores de presẽt, uous ont osté grãde partie de uostre bonne cõgnoissance. Parquoy sans que ie m'estende plus auãt en paroles:

H ij

ceste petite solution pourra seruir de response a ce que uous auez allegué des richesses de l'ame & du corps. Mais pour uenir a ce qu'auez dict que les bestes sauuages se contristent quand elles perdent aucun de leurs petitz, ie uous respons que la malignite de l'accident les faict douloir, & non l'amytie que Nature leur enseigne. Parquoy que pourrois ie meshuy repeter a l'endroict de uoz obiections, qui ne feust chose superflue? Sinon que pendant que uous umbragez uostre dire de ces nuées tant obscures, uous n'auez designé un seul traict approchant de la uerité. Et quand pour corroborer uoz argumês, auez dict qu'amour et amer ont quelque similitude ensemble : certainement seigneur Perotino uous auez usé d'une gentille couleur, mesmement ou uous alleguez que des le commencement il fut ainsi appellé, afin qu'il demonstrast par son tiltre quel il estoit en sa nature. Ie uous promectz en bône foy, que ie ne scauoye rien de cela, ains pésoye que la substâce des paroles, & non la conformité, deust estre pesée & considerée. A ceste cause mesdamoyselles si les similitudes sont ou peuuent estre le subgect des substances, ie uous asseure qu'il me desplaist grandement de ce qu'il uous en peult aduenir: car ie ne doubte point que ce gentilhomme ne dye par mesme uoye que uous estes ruine de la

uie

uie des hommes, consideré que ces deux uoix Roynes & Ruines ont autant de conformité l'une a l'autre, que peuuent auoir aymer & amer.

Ces dernieres paroles de Messire Gismodo feirēt un peu soubzrire les damoyselles, principalement Berenice, qui toute ioyeuse s'adressant a ses compagnes, deit:

Nous sommes en mauuais party, puis que les quereles de ces deux disputans tournent a nostre desauantage.

A quoy Sabinette (en qui pour la fleur de ieunesse, & sa singuliere beaulté, les paroles estoient trouuées merueilleusement doulces, & de bonne grace) promptement replicqua:

Ne uous tourmētez de cela, Madamoyselle: car leurs paroles en cest endroict ne nous portent aucun preiudice. Toutesfois dictes moy s'il uous plaist messire Gismondo, quelles femmes entendez uous estre la ruine de uoz uies, ou les ieunes, ou les uieilles? Certainement selon uostre maniere d'argumenter uous ne scauriez dire des ieunes sinon qu'elles uous font faire plusieurs ieusnes: car il y a autāt de conformité entre ces deux paroles, comme entre Roynes & Ruines. Or si uous dictes que les ieunes sont plus molestes, il me suffira de cela: & seulement uous respondray, que les uieilles puissent estre uostres.

Mais au seigneur Perotino (respondit il) Madamoyselle : consideré que si les similitudes peuuent auoir quelque efficace, sa poictrine tiede et ses clameurs ont assez de conformité auec la uieillesse : et a moy demeurent les ieunes, auec les cueurs desquelles pleins d'extreme doulceur, le mien a tousiours faict residence, & la ueult continuer plus que iamais. si est ce qu'il y a ce mal, que (comme uous auez dict) elles me font faire beaucoup de ieusnes.

A ces paroles de plaisir, en fut adiousté plusieurs autres par les gentilzhommes & damoyselles, qui se scauoient bien rendre change : & tant procederent ces deuises, que la gentille compagnie (en laquelle Perotino seul se taisoit) se feust parauãture trop esforcé du propos commēcé, n'eust esté que messire Gismondo reprenant la parole, y meit une fin, en disant :

Ces similitudes ont faict assez extrauaguer : et pource qu'elles nous sont ausi peu profitables que a leur autheur, uenons a souldre les autres parties de sa procedure, laissant ces friuoles apart. Et puis que desia uous ay faict assez euidemmēt congnoistre combien estoit faulse la premiere de ses propositions, en laquelle il maintenoit que toute amertume

tume ne procede sinon d'amour, espluchons maintenant si l'autre sera ueritable, ou il deit que l'on ne peult aymer sans amer. Et si nous en uenons about, ce ne sera pas mal besongné, pource qu'il a soubz ceste clause tant assemblé de differences d'amertume, que (a mon iugement) il seroit laboureur bien expert s'il se monstroit aussi prompt & uertueux a extirper de ses terres les fougieres, ronses, buyssons, yuraye, espines, chardons, & autres choses inutiles, comme il a esté diligent a recueillir & entasser les souspirs, angoisses, tourmens, larmes, perturbations, douleurs, & autres incommoditez de nostre uie pour les charger sur les espaules du dieu d'amours. Et pour mieux uenir a son poinct, mesmes afin qu'il se fondast sus quelque apparence de uerité, il meit en ieu les autheurs antiques & modernes qui ont escript de sa nature: & deit qu'ilz l'ont nommé aucunesfois feu, & la pluspart du temps fureur: & les amoureux, miserables, infortunez, & telz autres epithetes, qui ne sentent sinon malencontre. d'auantage qu'en tous leurs chapitres ilz se lamentent de sa rigueur: & non seulement luy improperent souspirs, angoisses & gemissemens, ains ensanglantent leurs uolumes des batteries et homicides qui se perpetrent a son occasion: chose qui est plus dicte

H iiij

pour oſtentation d'eloquēce, que confirmée & approuuée par aucune apparence raiſonnable: ueu meſmement qu'elle ne ſent rien de uerité. Qu'il ſoit ainſi, ne lit on pas en toutes les œuures de ces autheurs, les plaiſirs qui ſe perçoyuent en amours? N'y treuue lon pas auſſi quelques amans introduictz qui racontent ie ne ueuil ſeulement dire leurs aduantures amoureuſes, mais (qui plus eſt) leurs bonnes fortunes continuelles? Ie uous aſſeure (Meſdamoyſelles) que ſi ie me uouloye mettre en peine d'en reciter les exemples qui ſe preſentent, toute la iournée ſe paſſeroit en cela, & auroye plus de peur que la parole me faillíſt, q̃ la matiere. Mais pource que le ſeigneur Perotino a uoulu par des chanſons uous faire entendre les martyres & doleances des amoureux, & la grande cruaulté d'amour, i'oze bien dire qu'il a faict ſagemēt de reciter les ſiēnes: car il n'en euſt pas ayſement trouué d'autres pour prouuer ſon intention. Parquoy nonobſtant que le teſmoignage de ſoymeſme, ne face preuue ſuffiſante: uous prendrez (s'il uous plaiſt) en bonne part que par aucune des miennes ie uous face pareillement entēdre combien les hommes fauoriſez s'employent a louer Amour, & quelle occaſion ilz ont d'eſtre contens de ſon bon traictement.

Chaſcune des damoyſelles uouloit reſpondre a
meſſire

messire Gismondo qu'il deist ce que bon luy sembleroit : & d'auantage le uouloient prier de ce faire: mais Lisa, qui en estoit la plus prochaine, par sa preuention feit taire ses compagnes, & deit:

Il ne nous plaist seulement (messire Gismondo) que uous recitez ces chansons, mais le requerons d'aussi bõ cueur qu'il est possible, uous aduisant que ne nous scauriez faire plus grand plaisir. Et quãt a moy, si ne uous y feussiez presenté, i'auoye deliberé en faire toute instãce. A quoy le gẽtilhõme respõdit:

Il n'est besoing madamoyselle que uous me sollicitez aucunement de cela: car quelles que mes rymes puissent estre, pourueu (sans plus) qu'il uous plaise les escouter, ie ne prendray que trop de plaisir a les dire : et si d'auanture me daignez faire tant de faueur, que de leur donner quelque louẽge, ie ne la prendray contre cueur, cõme a faict le seigneur Perotino: mais uous en demeureray grãdemẽt obligé.

Cela ferons nous uoluntiers, respondit Berenice, pourueu que dissiez chose qui merite estre estimée aussi bien qu'a faict uostre predecesseur. A quoy messire Gismondo repliqua:

Vous y mectez une forte condition, madamoyselle: & i'entẽdoye en estre exempt, pour estre deuenu plus grand couuoyteur de uoz louenges, que bon estimateur de mes forces. Toutesfoys en aduiẽ-

ne ce qu'il pourra, ie tenteray ceste fortune. Et ce
dict, il se print a chanter ainsi:

   V ent d'esté fraiz & tournoiant,
   M urmure doulx de Mer sans unde,
   O u ueoir en un pré uerdoyant
   P romener dame belle & blonde,
   N e furent iamais en ce monde
   M edecine a cueur douloureux
   T elle, que trop ne soit seconde
   A u bien qui en mon ame abonde,
   D ont la clef tient amour heureux,
   T ant il est doulx & sauoureux.

Les damoyselles escoutantes pendoient de la bouche de messire Gismondo, pensant que sa chanson se
deust estendre d'auantage: mais il se teut, & leur
feit congnoistre qu'il auoit acheué. Quoy uoyant
Berenice, se print a parler a luy en ceste sorte.

   Sãs point de doubte, messire Gismõdo, uous auez
dict une gentille chansonnette: mais (ie uous prie)
uoulez uous estre estimé pour si peu de chose?

   Nenny certes madamoyselle (respondit il) ains
uouldroye bien maintenãt que le seigneur Perotino
me deist ou sont en ceste là les complainctes & lamentations qu'il maintient estre en toutes celles des
amoureux. Toutesfois auant qu'il me responde, ie
suis content de luy faire encores entendre ceste cy:

                                 Dieu

Dieu des amans, en nul iour de ma uie
L on ne uerra ma Muſe eſtre aſſouuie
T e rendre grace & mercy de tes biens,
C ar ma penſée en eſt toute rauie,
E t bien ſouuent a s'eſiouyr conuie
M on cueur en ſoy, content entre les tiens,
Q uand de ta grace en plaiſir l'entretiens
P ar ta bonté qui a ſes maulx obuie.

Ie recongnois que de par toy ie ſuis
D e terre obſcure esleué iuſqu'aux cieulx,
E t qu'il m'en uient le ſtile en quoy pourſuis
L e loz de celle en qui i'ay mis mon mieux:
C ar tu la feiz premier ueoir a mes yeux,
E t en mon cueur logeas une penſée
P udique, honneſte, eſtimee en maintz lieux,
G race pour n'eſtre en ſeruant compenſée.

Tu es (ſeigneur) cauſe que ſuis uiuant
E n doulce ardeur, dont tout bien me procede:
E t d'eſperance honneſteté ſuyuant
N orriz mon cueur, que loyaulté precede.
M ais ſi des dieux le decret me concede
Q ue peruenir ie puiſſe ou ie pretendz,
D ire ne puis l'ayſe que i'en attendz:
C ar ſa grandeur mon iugement excede.

O uie donc qu'en plaiſir ie poſſede:
Q ui ne practique amour ainſi que toy,

Iamais au monde un bien ne luy succede,
Et n'a sinon que toute peyne en soy.

Ceste chanson fut assez aggreable aux damoyselles, qui la priserent grandement, & en tindrent assez de propoz. Mais Gismondo, auquel sembloit que les heures uollassent, côme celuy qui auoit longuement a parler, entrerompant leurs deuises, reprint son discours en ceste maniere.

S'il est ainsi Mesdamoyselles, que mes rymes uous plaisent tant que uous en faictes demõstration, c'est une chose qui me satisfaict grandemẽt. Mais ie uous supply, attẽdez a me donner uoz louenges iusques a ce que ie auray donné a l'Amour partie de celles qui luy sont conuenables: car ce ne seroit pas raison que ie feusse par uous guerdonné de si hault pris, si ie n'auoye au parauant mené a fin mon entreprise. Pour dõcques retourner au seigneur Perotino, uous pouez ueoir cõbien sa propositiõ estoit faulse, en laquelle il disoit que lon n'entẽd que plainctes et doleãces en tous les uers traictans d'amour. Si ne fault il pas certes dire que ces miennes rymes magnifiãtes le seigneur, et luy rendans grace de ses biens, soyent seules parties de ma forge, & que ie suis seul entre ses seruiteurs usant de ceste façõ d'escrire: car il s'en trouueroit une infinité d'autres. Neantmoins pource qu'il me fault encores obiecter certaines particularitez

ritez neceſſaires, en quoy eſt beſoing employer beaucoup de temps : ie ne m'arreſteray pour ceſte heure aux choſes de peu d'importance : ains quand telles chanſons me uiendrõt en la memoire, ie ne fauldray a les uous faire ouyr, afin que congnoiſſiez de plus en plus que ce bon gentilhomme eſt en treſmauuaiſe opinion, & que s'il euſt ſeulement mis en termes que plus d'amoureux ſe ſont lamentez d'amour, que louez de ſon traictemẽt: ſon dire euſt eſté plus tolerable, et le luy euſſe accordé pour peu de choſe. Nonobſtant ce n'euſt eſté preuue ſuffiſante pour nous induire a croire que lon ne peult aymer ſans amer, encores que lon uoye chaſcun iour plus de gens qui s'en lamentent, que de ceulx qui s'en contentent: car cela uient de ce que nous ſommes naturellement plus enclins a reciter noz infortunes, que les occurrences proſperes. Et ceulx qui ſont bien heureux en amours, ſentent telle ſatisfaction en leurs penſees, qu'ilz ſe norriſſent de cela, et en demeurent entierement raſſaſiez, de ſorte qu'ilz n'ont beſoing de proſes ou uers, ny de plumes, encre, & papiers: ains leur ſont choſes uaines & inutiles. Mais ceulx qui en ſont mal traictez, pource qu'ilz n'ont autre choſe de quoy ſe repaiſtre, ny meilleur moyen de moderer leurs flammes amoureuſes, recourent a l'encre & aux papiers, ſur leſquelz ilz eſpandent les grans torrens de larmes, qui ſe uoyent ordinairement de la ſemblance de ceulx que le ſeigneur Perotino nous a ſi chaudemēt obgectez. Puis leur en prend comme aux cours des riuieres, qui tant plus ſont retardées par trauerſes ou autres empeſchemens, plus ſe rendent terribles, bruyantes & eſcumeuſes. mais quand il n'y a rien qui les arreſte, & que leurs canaux ſont libres en toutes pars, elles uont leur uoye, menant leur eau toute claire, & non troublée ou lymonneuſe. Semblablement Meſdamoyſelles tāt plus les amoureux mal fortunez treuuent de puiſſantes barrieres au deuant du cours de leurs deſirs, tant plus regorgēt en eulx les flotz impetueux de leurs penſees: & uont faiſant le murmure de leurs cōplainctes plus merueilleux & eſpouentable, tyrant apres leur miſere la groſſe eſcume de leurs choleres & forcenneries: ou au contraire ceulx qui ont bon traictement, treuuent perfaicte ioye en leurs amours, & ne ſont par aucune difficulte retardez de pleine reiouyſſance, ains uont courant par un ſentier propice, & menant une uie toute heureuſe ſans en faire uoller le bruyt. Or ſi ceſte choſe eſt ainſi (comme ſans point de doubte elle eſt) le ſeigneur Perotino auec ſes argumens ſophiſtiques ne pourra garder que la uerite n'apparoiſſe: & ne ſcauroit improperer

properer que pour estre le nombre si grand des amoureux infortunez, il n'y en ait quelques uns de bien ayses. Mais qui doubteroit en cela? Certainement encores que lon ueoye aux eglises fameuses plusieurs formes de nauires penduz deuant les representations d'aucuns sanctz, l'un auec le mast rompu, & les uoyles mis en pieces, l'autre furieusement poulsé entre les rochers, combatu de la tourmente & des uagues, en danger d'en estre abysmé, & l'autre aggraué sur quelque banc de sable, chascun donnant tesmoignage de son peril et mauuaise fortune: si n'est ce pourtant a dire que plusieurs autres n'ayēt passé a trauers ces destroictz, & faict heureusement leur uoyage. ce nonobstant ilz n'ont laissé aucun indice de leur nauigatiō. Cōsiderez maintenāt Mesdamoyselles s'il ne doyt cōfesser par soy mesme, q̄ sans impugner les autheurs antiques & modernes, ses argumens demeurent friuoles & destituez de toute apparēce. Mais pour ne uous tenir en ces disputes oultre le deuoir, passons (si bon uous semble) aux miracles par luy alleguez: & ueoyons comment ilz peuuent estre ueritables. Ou sont (ie uous prie) les amoureux qui uiuēt dedans le feu en guyse de Salamandres? Ou sont ceulx qui resuscitent en mourant, et qui meurēt en pleine uie? Dieu scait que ie n'ay que respondre a ces fantofmes, finon que ie m'efmerueille grandement de ce bon efprit, lequel ou prefuppofant qu'il les nous donneroit a entēdre pour ueritables, ou par un defir de mefdire, fe uoulant cōplaindre d'amour, s'eft laiffé tranfporter a fa fantafie, de forte qu'il ne s'eft peu tenir de nous paiftre de bourdes, & nous bailler des friuoles en payement, qu'il a bien uoulu authorifer par fes chāfons, comme fi ce euffent efté les propheties de la Sibylle, ou les oracles d'Apollo. toutesfois il y a ce biē, qu'elles nous feirēt paffer le tēps ioyeufemēt, a tout le moins fi ie le fceu cōgnoiftre p uoz geftes, et par ce que i'en fenty en mō endroict: car de primeface l'amertume de fes propoz attendrit bien fort noz courages. Mais quand ie les eu examinez diligemment, ie trouuay (comme peuuēt faire toutes perfonnes) qu'ilz ne cōtenoient aucune uerite, ains feulemēt apportoiēt quelque plaifir en leur recit, pour la nouueauté dont ilz eftoiēt fardez. Et s'il n'eftoit ainfi, croyez que ie n'infifteroye a cefte heure cōtre luy. Mais que fault il que ie uous dye? Ne fcait il pas bien, et auffi faict chafcū de nous, que cefte facon de faindre, eft une licence non moins familiere aux amoureux, que aux Poëtes, & que les uns & les autres inuentent le plus du temps des chofes qui n'ont aucune apparence de uerite, mefmes qu'ilz cherchent des nouueautez

pour

pour donner plus de grace a leur langage? Toutesfois, mesdamoyselles, leurs œuures n'ont encores, que ie sache, esté bien perfaictement entédues: tant elles sont impoßibles, & repugnantes a la nature. O seigneur Perotino, uous estes grandement abuzé si uous pensez nous faire entendre que les amoureux peuuent faire des choses qui sont supernaturelles, comme s'ilz n'estoient hommes ainsi que nous, & subgectz a toutes les infirmitez humaines. A ceste cause ie uous dy, que uoz miracles ne sont que resueries, & qu'ilz ne côtiennent en eulx plus de uerite, que la fable de Cadmus, ou la transformation des formiz d'Eacus, ou l'entreprise de Phaethon: et mille autres telles mensonges estranges, & pleines d'abusion. Et n'estes pas certes le premier qui auez cômencé a ce faire: car tous les autres amoureux qui ont escript ou escriuent de leurs occurrences prosperes ou malheureuses, ont paßé par ce chemin lá, principalement quand ilz se sont disposez a reciter leurs ioyes. Et ceste chose aduient souuent a ceulx qui ont esté norriz auec les Muses, & puis se sont exercitez en la palestre de Venus: car ilz ne se peuuent garder d'auoir quelque foys memoire de leurs premieres compagnes, qui leur ont assez emply les oreilles de choses monstrueuses & estranges: dont nonobstant qu'ilz ne facent ia-

l

mais espreuue: si est ce qu'ilz faignent souuētesfois pareilz miracles, afin de donner beau subgect a leurs matieres, & pour faire que la painctures de leurs amours estant desguysée par telles couleurs, puisse trouuer meilleure grace deuant les yeux des regardās. Mais quelz papiers d'amoureux biē fortuné ne sont remplyz de mesmes termes que ceulx par qui ce gentilhōme s'efforce rendre plus estrange la cōdition des amoureux? Ie uous asseure en uerite, qu'ilz ne sont seulement pleins de ces estincelles, mais qui plus est, de neiges & glacons, auec autres incompatibilitez, qui se trassent plus facillemēt sur les fueilletz des liures, qu'ilz ne s'engrauent dans les pensées. Qui est celuy (ie uous supplie) qui ne sache dire que ses larmes sont pluye: ses souspirs, tourbillons de uent: et mille autres choses semblables, non moins plaisans a escouter, que douloureuses a reciter? Qui ne scait aussi faindre sa dame archiere, & dire qu'elle gecte de ses yeux beaucoup de traictz penetrās leurs poyctrines? Certainemēt les autheurs antiques, qui ont tant parlé des Nymphes poursuyuās les bestes sauuages a trauers les forestz, exprimerent leurs conceptions de meilleure grace & plus grāde industrie, que ne font ces amoureux modernes: car ilz supposoyent pour les nymphes toutes damoyselles hōnestes, q p̄ le moyē
de

de leurs doulx regardz attirēt les courages des hō
mes, pour rudes et rebarbatifz qu'il puissent estre.
Qui ne scait aussi figurer soy et sa dame a mille autres similitudes plus sauuages que celles cy? Ie uous
puis dire, et a bon droict, que le chāp de telle moysson est cōmun a tout le monde, et si ample, que lon y
ueoit souuent promener les escriuains, par especial
ceulx qui en aymant se deliberent monstrer la fer-
tilite de leurs entendemens, et acquerir quelque reputation par le discours des matieres amoureuses, a
l'endroict desquelles leur est permis faindre toutes
choses qui sont impossibles: & est en l'arbitre de
chascun, autāt de fois que bon luy semblera, former
un subgect triste ou ioyeux, selō qu'il se sentira disposé, ou cōgnoistra qu'il pourra succeder a son inuē-
tion. mesmes aura loy d'enrichir ces pensees de mēsonges controuuees a son appetit, & faire quadrer
son intelligēce a fins cōtraires et diuerses. l'un dōcques se plaindra ayant le cueur en ioye: et l'autre ne
fera que se douloir a bonne raison: tellement qu'ilz
en useront cōme d'une uiāde amere ou doulce de sa
nature, sur laquelle on peult faire telle saulse, qu'elle
aura maintenāt un goust, et tātost un autre, au moyē
de la qualité des drogues qui seront employées a ce
faire. Et combien que plusieurs d'entr'eulx faignent
leurs cueurs se separer de leurs corps, et facēt seruir

I ij

ceste faincte a larmes, cõplaĩctes, et martyres, cõme uous pouez auoir entẽdu p̃ les discours du seigneur Perotino: si est ce qu'il n'est rien de tout cela: car ie me suis autresfois seruy de ceste inuention en une de mes chansons, dont ie tiray assez de plaisir. Mais afin que ie ne parle sans tesmoignage, escoutez la s'il uous plaist: & uous apprendrez aucuns de mes miracles, aussi bien qu'auez faict des siens.

M on cueur espris d'un rayon de uoz yeux,
M e delaissant, a uous suiure se meit,
E t si m'auoit tousiours & en tous lieux
E sté loyal, si iamais on en ueit.
M ais comme un serf que plaisir assouuit
Q uand libre ua par une belle uoye,
T ant feit d'efforts qu'en fin il arriua,
D' ou la splendeur celeste deriua,
C ryant, Amour en ce beau lieu m'enuoye.

Ne ueoyez uous maintenant que les amoureux peuuent faindre pour passetemps que les cueurs se departent des corps? Certainemẽt cela ne leur semble grãd chose: mais ce que ie uous diray cy apres, est bien digne de plus grande admiration.

P uis tost apres ce hardy fugitif
S' appriuoysa chez uous de telle sorte,
Q ue par decret fatal de ce motif
I l penetra plus oultre en place forte,

Non conuenable au simple estat qu'il porte:
Et s'oza mettre au pres de uostre cueur:
Dont oncques puis on ne le ueit mouuoir:
Et tant se sceut d'humilite pouruoir,
Que par souffrance il demoura uainqueur.

Par cela uous pouez entēdre que noz cueurs nō seulement ne nous delaissent, ains peuuent faire des uoyages. parquoy entēdez, s'il uous plaist, le residu.

Le uostre adonc a autruy ne uoulant
Partir son regne, esmeu d'un haultain zele,
Au lieu du mien se ueint mettre en uollant
D'un dieu guydé, qui uouloit sans cautele
Que part n'y eust creature mortelle.
Et en ce poinct changerent de maison,
Car le uostre est maintenant en mon corps,
Le mien au uostre, en gracieux accordz.
Et y seront eternelle saison.

Ces miracles, mesdamoyselles, a uostre iugement ne sont ilz estranges sur tous? ascauoir deux cueurs amoureux se partir de leurs propres sieges pour aller au corps l'un de l'autre: & ce non seulement sans danger, ains qui plus est, par disposition diuine? Mais pourquoy raconte ie seulement ces miracles? Ie uous asseure, en bonne foy, si quelqu'un se uouloit amuzer a en dire d'auantage, lon en pourroit tant ouyr de plaisans, qu'ilz ne seroient faciles

I iij

a nōbrer. Pourtant seigneur Perotino, ce peu que i'en
ay dict, uous suffise pour anichiler ceulx qu'auez
mis en auant, mesmes puis que pouez apperceuoir
cōbien ilz seruent en nostre endroict pour corroborer uostre argument: lequel toutesfois si uouliez
soustenir, et alleguer que plusieurs autres en dysent
autant comme uous: ie responderoye que ceulx que
ie uiens de reciter, deueroient, pour le moins, estre
d'aussi bonne creance, comme ainsi soit qu'une infinité d'amans traictez d'amour comme ie suis, pren-
nēt plaisir a en faire beaucoup de semblables. Parquoy concluz que uoz inductions ne peuuent empescher qu'amour ne soit doulx, humain, et traictable: non plus que les miennes peuuent faire qu'il ne
puisse estre amer, inexorable, et dangereux. Mais si
uous auez produict des mensonges, a uous retournent elles toutes pures ainsi qu'elles sont yssues de
uostre iardin: et emportēt auec le uēt l'effigie de ce
dieu mal figuré, ou pour mieulx dire, sa painctute
ainsi malicieusement imaginée: de laquelle certes si
uous n'eussiez tant parlé cōme auez faict, i'en diroye maintenant quelque chose, & n'auroye peur
d'auoir faulte de propos. Mais puis que uous mesmes
sur le champ auez retracté uostre erreur, & deit
pour amende, qu'amour n'est autre chose sinon ce
que nous uoulons: si maintenāt i'ourdissoye un nouueau

ueau proces la deſſus, ce ne ſeroit que retiſtre la toile de l'antique Penelopé.

Ces paroles dictes, meſsire Giſmondo feit un peu de ſilence: & ce pendant cherchoit en ſa memoire ce qu'il auoit a cõfuter: et en ces entrefaictes ſe meit un petit a ſoubzrire: quoy ueoyant les damoyſelles, qui attendoient en ſinguliere affection ſa pourſuite, deueindrent beaucoup plus curieuſes de l'eſcouter, par eſpecial Berenice: laquelle s'eſtãt dreſſée en ſon ſeant, & allegé du poix de ſes eſpaules un tendre laurier iumeau prouenu en l'extremité du buyſſon tout ioignãt la fontaine, cõme s'il euſt eſté plus hardy q̃ les autres, et q̃ auoit ſeruy de double accoudoir a ſa perſonne, elle ſe print a dire en ceſte maniere:

Il ua treſbien, meſsire Giſmondo, puis que uous ſoubzryez a ceſte heure: car ueritablement i'eſtimoye que deuſsiez tũber en profonde penſée, cõſideré que (ſi ie ne m'abuze) uous eſtes ſur le poinct auquel le ſeigneur Perotino diſputant du courage, a cõclu que lon ne peult aymer autruy ſãs paſsiõ cõtinuelle. et ie uouldroye de biẽ bõ cueur q̃ peuſsiez deſnouer ce neu auſsi facilement que Penelopé deſfaiſoit ſa toile. mais i'ay grand doute que uous y ſerez bien empeſché, pourautant que ſes perſuaſions m'ont ſemblé ſi fortes, & tellement ſerrées, qu'a gand peyne y pourrez uous mettre les ongles.

I iiij

Il uous semblera tātost autremēt Madamoyselle, respondit messire Gismondo: et si ne suis gueres esbahy si telz sophismes uous ont iusques a present semblé tāt difficiles: mais pource que i'auoye en pēsée de les souldre, comme droictement auez imaginé: ma fantasie me faisoit ainsi soubzrire pour l'esbahyssement que i'ay, commēt il a esté possible a ce gentilhomme pallier une chose faulse par telle industrie qu'elle prend apparence de uerite, combien qu'il ne soit rien moins que cela. Et uous oze bien dire, que si nous regardions seulement a la superficie de ses paroles: ce qu'il nous ueult persuader, sembleroit quasi ueritable: car il y a quelque uerisimilitude, a dire que toutes & quantesfois que l'homme n'a la iouyssance de ce qu'il ayme, il porte passion en son esprit: d'auantage qu'il ne peult entierement iouyr de chose qui ne soit toute en soy: dōt par necessite fauldroit conclure que ne scaurions aymer aultruy sans perturbatiō continuelle. Certainement si cela estoit comme il a dict, Timon l'Athenien fut sage de fuyr la frequentation de toutes personnes, et n'y uouloir prēdre accointāce, si biē qu'il n'en ayma pas une ny tāt ny quant. Et a son exemple seriōs biē aduisez, si nous bannissions de noz pensées amour inquieteur de nostre repos, & abhorrions egallement ceulx qui nous ayment, mesmes noz femmes,

noz

noz enfans, noz freres, noz parens, & noz peres, cōme les plus sauuages du mōde: en sorte que nostre uie se passast sans amour, quasi cōme une mer sans uagues. Mais il y pourroit auoir danger que deueinssions amateurs de nous mesmes, comme lon lit de Narcissus: chose que ie n'estime que le seigneur Perotino nous uouluſt defendre, consideré que tous sommes en nous. Dont si uous mesdamoyselles faisiez ainsi, et chascun en son endroict, ie suis certain qu'il ne tarderoit gueres qu'amour non seulement coupperoit le chemin a la generation humaine, ains que nous mesmes ayderions a l'exterminer: pource que deffaillāt lamytié reciproque, par mesme moyē deffaudroient les frequentations: & aduenāt cela, fauldroit par necessité que toutes choses ueinssent en ruyne. Or si uous me dictes (seigneur Perotino) que ie n'aye peur de cest inconuenient, et qu'Amour ne scauroit deffaillir en nous, quelque chose que puyssions faire, comme ainsi soit que la nature nous incline a aymer noz peres, freres, femmes, enfans, et autres noz bienueuillās: pourquoy doncques auez uous plustost formé uostre cōplaincte cōtre amour que contre la nature? A la uerité si uous y prenez biē garde, elle semble en ceste partie plus reprehēsible, q̃ luy, cōsideré qu'elle n'a faict doulce et cordiale en toutes ses parties la reciprocatiō d'amytié, qu'elle par sa prouidence scauoit nous deuoir estre necessaire. Ie ne uous diroye pas cela, si ie ne pensoye que l'estimißiez autant amere comme uous en faictes le semblant. Parquoy si uous estes deliberé de persister en ceste opiniõ, faire le pouez: mais ie croy qu'il ne se trouuera beaucoup de gens qui prennent enuie de la uous preoccuper: car qui seroit le personnage si despourueu d'entendemẽt, encores qu'il feust uostre amy tout oultre, ou bien de uostre consanguinité, qui uouldroit sur uostre dire maintenir qu'aymer un homme uertueux, une femme honneste, la paix, la police, les coustumes louables d'aucun pays, & (peult estre) les habitans, feust une occasion de doleance? Sans point de doubte, il ne uient que bien de toutes ces choses: & toutesfois elles sont hors de nous. Ce neantmoins quand ie uous concederoye qu'elles peuuent apporter quelque tristesse, pourautant qu'elles ne sont en nous: penseriez uous pour cela que ie uoulusse dire qu'aymer le Ciel, & les choses bonnes qu'il contient, mesmes le Createur de ceste grande machine, feust une maniere de douleur pourautant que cela n'est et ne scauroit estre tout en nous? Ie ne puis croire seigneur Perotino que uoulsißiez entendre telle chose, pourautãt que des substances separées bõnes (cõme celles que ie uous designe) il ne scauroit deriuer

riuer chose qui causast aucune misere : parquoy ne sçauroit estre ueritable que l'amour que nous portons aux choses estrangieres, pour estre estrangieres, nous puisse aucunement passionner. Mais que diriez uous, en bonne foy, si ie uous concedoye uostre entente, asçauoir que lon ne peult aymer autruy sans passion? Certainement ce ne seroit gueres faict pour uous: car l'amour que nous portons aux femmes, & que semblablemēt elles nous portent, n'est pas aymer autruy, comme uous estimez: ains une partie de soy, uoire (pour plus ouuertement parler) l'autre moytié de nous mesmes. Et qu'il soit ainsi, n'auez uous iamais entendu que les hommes au cōmencement du monde auoyent deux uisages, quatre mains, quatre piedz, & tous les autres membres du corps doubles a la similitude des nostres: dont ilz estoiēt montez en tel orgueuil qu'ilz uoulurēt chasser Iupiter hors de son Royaume: lequel a ceste occasion les diuisa par le meillieu, & les reduict en la forme que nous gardons a ceste heure? Or ces hōmes desirans retourner en leur integrité, afin de recouurer leur puissāce premiere, qui ualloit deux fois autant que la nostre: se releuāt de terre, s'efforceoient de se reioindre chascun a sa moytie: en quoy ilz ont tousiours du depuis esté suyuiz par ceulx qui en sont descenduz: & cest acte est ce que nous appellons ordinairement amytie: car quand un homme ayme sa dame, il cherche de se reioindre a la moytié de soymesme, et le semblable faict la dame quand elle appete son amy. Dictes moy seigneur Perotino, si ie uouloye mettre toutes ces choses en termes, que diriez uous la dessus? Ie pense ueritablement que me repayeriez de la monnoye que uous ay faict en la uente de uoz miracles, c'est ascauoir que ce sont passetemps des hōmes, figures, fables, ou inuētions fantastiques. Toutesfois en cela uous pourriez bien abuzer: car ce sont choses ueritables, et la propre nature qui parle, nous admonestāt que ne sommes pas entiers, puis que n'auons totalité perfaicte, ains le simple sexe d'homme ou femme: l'un desquelz ne peult consister sans l'autre: mais estāt les deux assemblez, cela se peult nommer un tout: & chascun apart ne faict qu'une seule moytié. Certainemēt (mesdamoyselles) uous ne scauriez estre sās nous, ny nous sans uous. Et sans que ie m'estende a en dire d'auantage, chascun le peult facilement apperceuoir par les dispositions ordinaires. Mais pour le mieux specifier, entendez que la generation humaine ne pourroit longuement consister en essence, si nous uiuions separemēt. Et quād ores ainsi seroit que nous pourrions naistre sans participation de sexe, il ne seroit

possible

poßible que fceußions uiure feparez, pourautant
que cefte uie (a qui bien la contemple) eft pleine de
trauaux innumerables, que l'un ny lautre fexe par
foy ne feroit fuffifant a porter, ains fuccumberoit
foubz la charge conuenable a tous deux: comme
font fouuentesfois les chameaux qui nous apportēt
les marchandifes d'Alexandrie : lefquelz paffans
atrauers des defers, s'il aduient pour aucun cas que
leurs conducteurs mettent la charge de deux fur le
doz de l'un, la poure befte ne pouant fupporter lō-
guement cefte peine, tumbe toute platte au meillieu
du chemin. Et ainfi en prēdroit il aux humains: car
comment pourroient les hommes labourer, edifier,
nauiguer, & faire autres negoces neceffaires a la
fuftētation de la uie, s'il leur conuenoit faire ce que
uous faictes entre uous femmes? Comment feroit il
poßible que nous peußions tout en un temps donner les loix aux peuples, & les tettes aux petitz enfans? Comment außi pourrions nous entre
leurs cryeries & gemiffemens efcouter les diffe-
rens des hommes, pour en faire decifion, et les mettre hors de debat? Cōmēt fe pourroit accorder que
demeurißions en noz chambres gifans en lictz de
plume, & prenans la pluspart de noz ayfes pour
paffer le temps de la groffeffe, & eftre a la campagne au uent & a la pluye garniz de toutes ar-

mes pour obuier aux incursions de noz ennemys, en defendant les personnes & biens, s'ilz uenoient assaillir noz frontieres? Il n'y a point de doubte, que si nous hommes ne pouons exercer tout en un tēps uoz offices & les nostres: uous de uostre costé nauez en rien plus d'auantage, d'autant que pour la pluspart estes moins fortes que nous, & non tant conuenables au labeur. Ce que nature preuoyant des le commencemēt du monde, elle(qui facilement nous pouoit former d'une seule matiere comme les arbres) nous departit et diuisa en deux, ainsi quasi comme une noix: puis en l'une des parties reduysit uostre sexe, & en l'autre le nostre: tellement qu'en ceste sorte nous meit au monde propres a l'un ou a l'autre labeur. Vray est toutesfois qu'elle uous assigna le moindre, pour estre plus tolerable a uoz mēbres delicatz: et a nous le plus lourd, comme duysant a noz espaules robustes & uigoreuses. Puis nous sceut si biē accōmoder & soubzmettre a ses loix, que uous auez tousiours besoing de nostre ayde, & nous de la uostre: en sorte qu'il n'est possible nous passer les uns des autres, non plus que deux compagnons qui uōt a la chasse, l'un desquelz porte le pannier, et l'autre tient le bout du filé: & nōobstant que ce soyent deux choses diuerses, si est ce que quand ilz ont faict proye, l'un n'emporte pas

tout

tout sans en faire part a l'autre: ains s'asseyent soubz quelque arbre, et la departēt egallemēt leur butin. Ainsi les hommes & les femmes destinez a deux besongnes contraires, entrent en ceste chasse laborieuse de la uie, & chascun sexe y a besoing du secours de l'autre: car ilz sont si debiles chascun par soy, que nul ne scauroit exercer autre charge sinon celle qui luy est ordonnée. Parquoy quand les femmes antiques de Lemnos, et les Amazones tant renommées, uoulurent faire experience du contraire, elles trouuerent que ce fut leur ruyne: car pendant que tout en une saison cuyderent embrasser les offices des masles & femelles, lors elles exterminerent par toutes leurs terres & seigneuries leur sexe auec celuy d'autruy. A ceste cause si les hommes sans les femmes, & les femmes sans les hommes, n'ont moyen de uiure en ce monde, & que chascun sexe n'ayt en soy sinon la moytié de ce qui est requis pour uenir au poinct de la uie, & que la chose qui ne peult consister sans adiunction de pareille, ne peult estre appellée totalité, ains une moytie toute simple: ie ne puis apperceuoir Mesdamoyselles que nous soyons separement autre chose qu'une partie de uous, & uous de nous: ny que l'homme & la femme ioinctz ensemble puissent estre fors unité. Ne le uous semble il point ainsi? Ne uous est il aduis(en bonne foy)que uoz seigneurs portent ordinairement une partie de uoz personnes? Ie croy certes quãd ilz s'en uõt en loingtains uoyages, que uous sentez quelque portion de uoz cueurs delaisser uoz poictrines, pour se cõioindre auec les leurs, dõt puis apres(quelque distãce qu'il y ait) cela uous tient lyez d'une forte chayne, & rẽd uostre amour inseparable? Chose qui prouiẽt seulemẽt de ce qu'ilz sont uostre moytie, & uous la leur: comme ie suis celle de ma dame, et que de sa part elle est la mienne. Et si ie l'aime d'affection entiere, comme sans point de doubte ie faiz, & feray toute ma uie: si n'est ce pourtant a dire qu'elle & moy aimions autruy, ains chascun l'autre moytie de soymesme. Voyla mesdamoyselles comment il en prend & prendra tousiours a tous uraiz amoureux. Parquoy pour uenir a la fin de ceste dispute, ie concluz que si les hommes & les femmes en s'entr'aimant desirent l'autre partie d'eulx mesmes, ilz peuuent sans difficulté auoir la perfaicte fruition de leurs amours, a tout le moins s'il est uray ce que uous seigneur Perotino auez mis en auant, que lon ne peult auoir entiere iouyssance d'une chose qui soit estrangiere. Mais puis que ne pouoir iouyr de la chose aimée, est seulement ce qui cause passion: si les amans bien fortunez peuuent acquerir le bien de

leurs

leurs desirs: ie ne puis bonnement congnoistre que la conclusion par uous prise en cest endroict, soit ualable, disant qu'amour rend les cueurs des personnes, melācholiques, & a peyne que n'auez dict pertroublez. N'est ce pas (madamoyselle Berenice) le neu que uous doubtiez n'agueres q̃ ie ne peusse desnouer? N'est ce pas la piece de toile du seigneur Perotino, que uous estimiez estre mise en mestier si subtil? Croyez que de ma part ie l'ay trouuée plus cõforme a une de celles d'Arachne, qu'a celle de Penelopé. Ce nonobstant il ne se desiste encores de son erreur, & ne cesse de mal parler: ains tant plus ua courant a l'estourdye atrauers ceste campagne du courage, en guyse d'un cheual eschappé: plus ua il faisant de follies, et discours mal appropriez, comme s'il prenoit plaisir a son malheur. dont luy aduient ce que souuentesfois faict a un uoyageur non congnoissant le pays qu'il trauerse: car quand il arriue a un chemin fourché: lors qu'il pense prendre le bon pour tirer ou il cuyde, il entre en celuy qui l'en destourne: parquoy tant plus ua en auant, tant plus s'esloigne de son but desiré. Pareillemẽt quād le seigneur Perotino est entré sur les passions du courage: tāt plus il s'est efforcé approcher de la uerité, plus est il allé fouruoyant, pour auoir pris le mauuais sentier. Et cõbien que ceste chose se pour-

K

roit declarer par petit nombre de paroles, si est ce
que pour mieulx satisfaire a ses allegations,il ne me
semble disconuenable d'en traicter un peu diffuse-
mēt,cōsideré qu'il ne seroit ny iuste ny raisonnable
de parler a la uollee d'une chose de si grand poix.
Toutesfois mesdamoyselles,ie m'en remectz a uoz
discretions,ozant bien dire, que s'il uous plaist me
prester la commodité, i'espere bien uous donner a
congnoistre qu'il est en la plus grande erreur qu'on
scauroit imaginer.

A ce poinct les damoyselles respondirent qu'il
en feist comme bon luy sembleroit: & que s'il ne se
faschoyt de parler, iamais ne se lasseroient de l'en-
tendre.Dōt il les remercia treshumblemēt: puis ad-
uanceant sa main gaulche deuers elles, supplia de
rechef qu'elles luy uoulussēt ottroyer audiēce paysible, disant que si la moindre de ses paroles se per-
doit, tout sō trauail n'auroit de riē seruy.Lors apres
une promesse iteratiue de bien escouter,il se print a
parler en ceste sorte.

Les philosophes antiques diuisent nostre courage
en deux parties. En l'une ilz constituent la raison:
laquelle en toute temperance le conduict par le bon
chemin de ceste uie. Et en l'autre ilz mettent les
perturbations, auec lesquelles il fouruoye et se boute
en des lieux qui sont dāgereux & a craindre.Mais
pource

pource que toute perſonne ſe reſiouyt de peruenir au bien qu'elle deſire, et meĉt tout ſon eſtude a euiter le mal qui luy eſt apparent: il en y a peu de raiſonnables qui ne ſe contriſtent quād un inconueniēt leur aduiēt. Qui faiĉt que ces philoſophes attribuēt quatre paſſions a noſtre courage, aſcauoir deſir, ioye, ſollicitude, & douleur: deux deſquelles ont origine du bien preſent ou aduenu: & les deux autres du mal paſſé, ou qui eſt encores a uenir. Or pource que deſirer modeſtement les choſes bonnes, n'eſt repugnāt a la raiſon, & que la couuoytiſe de mal, eſt deteſtable en tous endroictz: la reſiouyſſance de ſon propre bien, n'eſt aucunemēt a blaſmer ſi elle n'excede la mediocrité: & l'euitation du peril, recoit qualité louable ou ignominieuſe, ſelon que nous craignons a bōne cauſe, ou ſans propos. A l'occaſion dequoy ces philoſophes diuiſent de rechef troys d'icelles paſſions en bōnes et mauuaiſes. Mais en la partie du courage qui s'accompagne de la raiſon, ilz conſtituent le deſir honneſte, la reſiouyſſance modeſte, et la uergōgne louable. Puis en celles qui ſont cōtraires, logēt les extremitez de ces trois, aſcauoir deſir exceſſif, ioye immoderée, & trop grande frayeur pour peu de choſe. Neantmoins ilz ne font aucune mētiō de la preſente melācholie, diſant que pour quelque accidēt qui aduienne, l'homme sage ne se doyt pertroubler pour estre la douleur des choses aduenues uaine, superflue, et de nul proffit, qui les induict a la mettre au reng des furies. Parquoy suyuant leur opinion fault conclure qu'il est trois especes d'agitations du courage, qui sont modestes & temperées, & quatre bestiales repugnantes a toute raison. D'auantage ilz dyent que la nature ne peult faire aucun mal, & que toutes choses procreées par elle, sont bônes chascune en sa qualité. Puis afferment que ces trois bonnes sont naturellement en nous: & les quatre mauuaises suruenâtes contre le droict cours naturel. Mais pour mieulx se donner a entendre, ilz nomment les bonnes, affections legitimes: & les mauuaises, bastardes, ou perturbations desordonnées. Il y a donc Mesdamoyselles, suyuant l'intention de ces sages, deux uoyes par ou passent noz courages, ascauoir l'une de raison pour les desirs honnestes: & l'autre des perturbations, par ou les mauuaises uoluntez conduysent l'homme a opprobre & ruine. Parquoy ne scauroit entrer en ma fantasie, que croyiez a ceste heure qu'un appetit desordonné puisse loger auecques la raison, consideré que pour estre auec elle, il fauldroit qu'il feust legitime: chose qui ne se peult faire, a cause que nature ne produict rien qui ne soit bon de soy: dont n'est a dire qu'une affection

ction naturelle se confonde parmy les uoluntez deprauées: car aduenant cela, force seroit qu'elle pdeist sa naturalité. Et uous scauez qu'une mesme chose ne peult estre legitime & bastarde. A l'occasion dequoy ce que nous auons diuisé les passions du courage, & traicté comme uous auez entendu, n'a esté que pour mõstrer que le seigneur Perotino n'a pas suyuy la uoye raisõnable en ses amours. ce que ie uous supplie rememorer a chascune foys que les occasions uous en seront offertes: ascauoir qu'aucune affection naturelle ne peult habiter en noz courages parmy les perturbations & furies. Or retournons maintenant, s'il uous plaist, a ce qu'il a constitué l'amour entre les couuoytises desordonnées: & disons (en passant) que si l'amour est une chose qui uienne en nous oultre nature, il n'y peult auoir autre place que celle que ce gẽtilhomme luy a baillée. Mais si c'est une affection causée en nous par nostre naturel: sans point de doubte elle ne scauroit passer iusques aux p̃turbatiõs, ou (pour mieulx dire) concupiscences illicites. Parquoy qu'est il besoing que ie uous en dye d'auantage? Ou bien que fault il que ie face pour uous monstrer qu'amour uiẽt naturellemẽt en nous? A la uerite cela est desia faict, et uous en parlay a suffisãce quãd ie traictay de l'affection qui se porte aux peres, aux enfans,

K iij

aux alliez, & autres amys. Qui me faict croyre que non seulement uous qui estes femmes naturelles, donnerez sentence en ma faueur: mais que ces lauriers qui nous escoutent, s'ilz pouuoient parler, feroient uoluntiers le semblable.

A grand peine auoit messire Gismondo finy ceste parole, que Lauinello qui s'estoit longuemēt teu, y contredeit en ceste sorte:

Vous auriez certes messire Gismondo trouué d'assez mauuais tesmoingz pour confirmer uostre dire, en ces lauriers, s'ilz pouuoient parler: car si suyuāt le naturel des arbres, ilz retirēt a leur premiere plante, ilz ne scaiuent que c'est d'aimer, pour autāt que la Nymphe qui fut conuertie en ceste forme, n'ayma iamais en son courage. Or ilz sont tous uenuz de ses gettons: parquoy ne uous seroient cōmodes en ceste matiere.

Vous iugez mal, seigneur Lauinello, & pirement conioingnez les choses separées par la nature, (respondit incontinent messire Gismondo) car a la uerité ces lauriers retirent bien a leur premiere plante: mais ilz ne semblēt de rien a la nymphe qui fut en ce poinct transformée. La raison est, que quād elle se uestit d'escorce, elle delaissa son naturel: et a ceste cause ces arbres ayment comme leur formateur, & reciproquement sont aymez, par especial
de la

de la terre qui les embrasse, & ilz l'accollent:au moyen dequoy engroßiz de cest amour, puis apres uiennẽt a produire rameaux, bacces, et feuilles, ainsi que feit la plãte dõt ilz ont pris leur origine. Mais il y a d'auãtage, q̃ l'amytie ne fine iamais en eulx iusques a la cõsommatiõ de leur uie: que ie desiroye de tout mõ cueur estre cõcedé aux creatures raisonnables: car s'il estoit ainsi, nostre amy Perotino n'auroit maintenẽt si grande occasion de se plaindre cõme il a: ny de se tourmẽter si fort: qui est certes plus souuẽt que ie ne uouldroye. Bien est uray q̃ (cõme uous auez dict) la nymphe dont ces arbrisseaux deriuerẽt, n'ayma iamais: q̃ estoit mespriser les loix de nature: laquelle (peult estre) irritée de cest oultrage, la trãsforma en la sorte q̃ uoyez. Et pour bien interpreter ceste metamorphoze: delaisser la forme humaine, & deuenir boys, n'est autre chose qu'abandõner les affections naturelles doulces et cordiales pour prẽdre les nõ naturelles, qui sont aspres et dures, cõme chascun scait. Parquoy ie repete encor un coup, q̃ si ces lauriers m'auoyẽt entẽdu, & ilz auoyẽt le dõ de la parole, ilz nous pourroiẽt dire q'lz ne uoudroyẽt redeuenir hõmes, cõsideré q̃ nous forlignõs grandemẽt, ce qui n'aduiẽt en leur endroict. Regardez dõcques seigneur Lauinello, s'ilz seroiẽt bons tesmoingz pour approuuer mon dire. Il n'est

plus doncques besoing (Mesdamoyselles) que ie re-
preuue par nouueaux argumens, que les affections
de noz courages sont legitimes & naturelles, &
par consequent raisonnables, bônes, & temperées:
mesmes qu'autant de fois qu'elles se departent de
ces termes, autãt de fois declinent elles de leur naturel, & ne se peuuent plus approprier le tiltre
d'amytié, mais de perturbatiõs ou furies. Entédez
uous ce que ie dy, Seigneur Perotino? Voyez uous
bien a ceste heure ou la pure uerité m'a conduict?
Mais uous me pourriez obgecter: si ceste affection
d'homme a femme, n'est amour: quelle chose peult
elle estre? La pourroit on diffinir par autre nom? Ie
uous respons certes que ouy: & a l'auanture par
ceulx que uous mesmes auez imposez au commé-
cement de uostre discours, c'est ascauoir flamme,
fureur, misere, infelicite, & un autre (si ie le puis
donner) qui est, tout mal: car comme ie pretés uous
faire ueoir cy apres, tout bien se trouue en amour.
Parquoy mesdamoyselles ie uous aduise pour uostre grand & singulier profict, que ne uous laissez abuzer des termes communs, qui sortent ordinairement de la bouche des ignorans, ascauoir a-
mour, amant, ou affectionné: & ne croyez incontinent que tout ce qui se nomme amytié, le soit: ny
que tous ceulx qui sõt reputez amateurs, le soyét,
consideré

consideré que chascun se sert de ces motz des qu'il commence a entrer dedans les limites des premiers desirs. toutesfois ilz peuuent estre intemperez aussi tost qu'autrement. ce nonobstant apres les auoir usurpez, la possession leur en demeure, a l'ayde & faueur de la mauuaise opinion du peuple: qui selon les actes ordinaires leur attribue ces tiltres sans autre consideratiõ. Et de la procede que ceulx qui ont les affections mal saines & corrompues, sont aussi biẽ tenuz pour amoureux, que ceulx qui aymẽt le plus uertueusement du monde. Mais o mon dieu cõbien sont les hommes abusez? Et combien est legiere leur creãce inconsiderée? Voulez uous seigneur Perotino que ie uous dye? Veritablement uous n'aymez point, & ne uous deuez tenir pour aymant: ains pour umbre de quelque passionné: car si uous aymiez cõme il est requis, uostre amour seroit tẽperé: & ne uous plainderiez de chose qui uous peust aduenir: ny chercheriez aucunemẽt la iouyssance du bien que ne pouez auoir: pourautant que oultre q̃ la douleur est de soy tousiours superflue, pourchasser une chose impossible, est une follie expresse, uoire temerite passant toute borne de raison: ce que les Poetes uoulãs figurer, escriueirẽt l'entreprise de la guerre des Geãs cõtre les dieux: combiẽ que l'une des parties feust mal pareille, & trop inferieure a l'autre. A ceste cause, seigneur Perotino, si la fortune uous a priué de la dame que tant regrettez, ie uous conseille que pour meriter le tiltre de bon amy, uous ne l'importunez desormais si furieusement: ains tenez pour chose perdue le seruice passé, qui uous a esté inutile: toutesfois ne desistez de luy porter affection comme lon faict aux choses aquoy lon n'a point d'esperance. Estimez tousiours sa beaulté, qui uous a faict faire tãt de coruées: & si biẽ elle est defendue a uoz yeux, contẽtez uous de la seule pensée, aquoy lon ne uous scauroit dõner empeschement: et par especial aymez en elle ce qui est au iourd'huy peu prisé en ce monde, a l'occasion des uices qui ont dechassé les uertuz, c'est ascauoir l'honnestete: car c'est bien le plus grand tresor et le plus a estimer que scauroit auoir une belle femme, mesmes qui nous doyt estre agreable sur tous autres, a tout le moins si nous portõs bõne uolũte a la dame qui en est decorée. Et quant a moy ie uous asseure que i'ay tousiours eu en recommẽdatiõ l'honnestete de ma mieulx aymee, nõ moins certes que sa beaulte, principalemẽt apres les premiers desirs, qui sont tousiours effrenez cõme un cheual nõ domté: car durant ce tẽps l'honnestete me sembloit quelque peu rigoreuse et malaysée a supporter: qui fut cause de me faire cõposer la chanson que ie diray maintenant

nant : puis la uous expliqueray, Mesdamoyselles, uoire d'autant plus uoluntiers, qu'elle uous est plus conuenable qu'aucune des precedentes, pour estre non moins uertueuses & honnestes, que belles, gentilles, & de bonne grace.

Lon ne ueit onc Nymphe fuyant amy
S i tost courir sur l'herbette, ou parmy
L es boys ramez, detournant de sa uoye
L es arbrisseaux, & au uent faisant ueoir
S on chef doré, pour faire enuie auoir
D e son gent corps, uestu de fine soye,
A utant farouche au dieu des amoureux,
C omme est madame a mon cueur langoureux.

Beaulté supreme, & chastete aussi,
L ogent en elle, & i'en suis en soucy,
C ar peu souuent les treuue lon ensemble.
L' une m'a pris comme Amour l'a uoulu,
L' autre me bat tant que suis tout moulu,
A tout le moins parfois il le me semble:
M ais la douleur passe si tost apres,
Q ue ie l'oublie ou toute, ou a peu pres.

Puis quand le mal de mon cueur se depart,
I e ne ueoy rose ou liz en nulle part,
Q u'en mon esprit a ces fleurs ne prefere
L a mienne, estant si noble qu'onc humain
N' en sceut cueuillir pareille de sa main,

Quoy qu'il ayt sceu par entreprise faire.
Mais sa rigueur en partie me nuit,
Et en partie a ma constance duyt:
　Car en ueoyant la blancheur qui domine
En son gent corps plus qu'en aucune hermine,
La purité de son cueur me reuient
En la memoire, & point ne me repens
De la seruir, bien que soye suspens
En moy, de moy, quand desir y suruient.
Mais bon amour appaise sans effort
Ce mien uouloir sauuage, rude & fort.
　Iamais ny eut en un fleuue profond
Autant d'humeur quand la neige se fond,
Comme de grace a toute heure il deriue
Du beau regard, modeste & graue, tant
Que tout chascun en demeure content,
Veu que iamais du droict cours ne deriue:
Et ne fut onc la Mer en temps serain
Plus calme en soy, que cest œuil souuerain.
　Comme un flambeau mal allumé s'estainct,
Si un grand uent a descouuert l'attainct:
Ainsi se meurt en elle tout desir,
Fors uertueux. O corps doncques exquis,
En qui entra l'esprit ayant acquis
Honnesteté, qu'il a uoulu choisir.
　Certainement nul autre habit mortel

L uy conuenoit, puis qu'il est pur & tel.
   Pour autre cas la uie ne me plaist,
S inon pourtant que madame cause est
Q ue ie me suis du monde separé,
E t que mon cueur auec tous mes cinq sens
T irent tousiours aux lieux ou ie la sens:
O u ne me ueoy d'amours desemparé,
A ins plus la suy courant, ou pas a pas,
P lus me contente, & si n'y gaigne pas.
   Le sort est donc heureux qui la conduict
E n telle chasse, ou ie prens mon deduict,
B ien que d'autruy soit proche, & loing de moy.
O doulceur aspre, o sauoureux tourment:
O grand merueille, incroyable forment,
Q ue nul ne ueoit sans qu'il en prenne esmoy.
D oulces me sont les playes chere sœur,
Q ue i'ay par uous, & si n'en suis asseur:
   Car onc ny eut en dame, & ny aura,
P lus de beaulte ioincte a maintien honeste,
F ace le Ciel ce que faire scaura.
S i ie le dy, amour m'en admoneste.

Maintenant pource qu'il est heure de retourner a ce que nous auons laissé : uous auez, Mesdamoyselles, au moyen de mes deductions peu comprendre quel est l'abuz du seigneur Perotino, & en quel lieu il a failly ; mesmement auez congnu que se cuydant getter en la bonne uoye du courage, & prendre une guyde bien experte pour le cõduire au lieu qu'il pretendoit, il a pris le mauuais sentier, & s'est fouruoyé trop lourdement: car en errant parmy ces desers ennuyeux, il rencontra les angoisses, les mauuais iours, les nuyctz melancholiques, les deceptions, les ialousies, les meurdres, qui se perpetrent en autruy, & souuentesfois en soymesme les Metiens, les Tityens, les Tantalides, les Ixions, et finablement sa figure qu'il apperceut comme s'il eust regardé en une eau claire: ce nonobstãt il ne la sceut recognoistre: car sans point de doubte il se feust bien contristé d'autre sorte, & eust rendu des larmes plus ameres qu'il n'a faict, pource qu'en lieu d'amoureux qu'il pense estre, pour auoir mis toute son affection en sa dame: il se feust trouué un serf sauuage, et quasi un secõd Acteon: puis se feust sentu desmembrer par ses folles pensées, comme cestuyla feit par ces chiens: consideré qu'il cherche plustost repaistre de sa substance ses cogitatiõs, que les fuyr & abhorrer comme deuorãtes & allouuyes. Et ce malencõtre luy aduient pource qu'il desire anticiper le terme de sa uie: en quoy certes il mõstre bien ne cõgnoistre la force de la sentẽce qui dict, que mieulx uault uiure en quelque sorte que ce soit, que mourir quand il en prend enuie. Mais ce

pource

poure hôme le faict côme s'il estoit saoul du môde, & comme celuy qui n'espere iamais recueuillir le fruict de ses annees, qui sont encores en leur fleur. Côbien pourtant qu'il ne le semble, toutesfois i'oze bien dire qu'il n'est en rien plus uieil que moy, & que ce sont seulement ses douleurs excessiues, qui depriment ainsi sa ieunesse: car a la uerite le nombre de ses ans ne scauroit monter a celuy des iours du plus petit moys de l'annee: ains s'en fault bien deux pour le moins. Ce nonobstât côme s'il estoit au centiesme de son aage, ou tourmêté de quelque maladie grieue & incurable, il inuocque ordinairemêt la mort, afin qu'elle luy face changer de pays, esperant a l'auanture trouuer allegement par ceste uoye. Mais o seigneur Perotino, sachez que uous estes abuzé, & mal fortuné sur tous hommes, & d'auantage pertroublé en uostre iugemêt, de pourchasser uostre ruyne: car uous taschez par mesme uoye de rêdre tous les amoureux miserables & infectez de ceste poyson, consideré que tous les hommes ayment, ie dy necessairement tous. Et s'il estoit qu'ilz feussent a toutes heures accompagnez d'appetitz ainsi deprauez, uoire de resiouyssances tant douloureuses, de si tristes formes de peur, & de tât d'angoysses que uous dictes: ilz ne seroiêt seulemêt miserables, mais chascû hôme par soy mesme seroit conuerty en extreme misere. Ie ne ueuil parler des merueilles que nous auez racōptées de uostre dieu par trop cruel: car nō seulemēt elles ne seroyēt suffisantes a rēdre la uie des humains malheureuse et chetiue, mais les infernaux ne seroiēt que trop affligez de moins de tourmēs: et toutes les abysmes regorgeroyent d'une seule partie de ces cruaultez. O poure maladuise, ne ualdroit il pas mieulx que missiez fin d'orenauāt a ces melācholies de nul proffit, et pēser a uostre salut pendāt q̄ le pouez auoir, sans uous cōsumer de iour en iour en recommenceāt des cōplainctes nouuelles, et obstinemēt persister en uostre perdition totale? A tout le moins deueriez uous penser que la nature ne uous a mis au monde pour uous faire instrument de uostre mort, ny pour uous faire errer entre ces lamentations friuoles, suyuant les uanitez et umbres de fumee, comme priué de tout bon sens, & fuyr a uostre salut. Laissons doncques, Mesdamoyselles, le seigneur Perotino & ces resueries apart: car sans point de doute, hyer estant stimulé de grieue douleur, en se plaignant d'amour cōme uous ouystes, il a esté cause que i'ay faict ceste partie de ma replique beaucoup plus longue que ie n'eusse uoulu. Et ne soyons si abusez de croyre que douleur n'est autre chose qu'amour: car sans point de doute ilz n'ont aucune conuenance ensemble

ble. Mesmes gardons nous de pēser que lon ne puisse aymer sans amertume: consideré que ceste espice n'entre iamais en la saulse amoureuse. Et puis que les dars que ce gentilhomme auoit de si felon courage lancez contre amour, se sont facilement rebouchez sur l'escu d'autruy, comme s'ilz eussent esté de plomb: ueoyons maintenant de quelle trempe sont les armes que le dict amour mect en main a qui entre en camp pour sa querele, nonobstant que Perotino pensoit hyer qu'il ne me demourast rien à prendre. Et certes ie n'estime pas me pouoir ayder de tout: car ma ualeur seroit trop grande: & quãd ores ie le pourrois faire, si n'y uouldroys ie pas essayer, a raison que la iournée entiere n'y scauroit suffire: et ie n'ay seulement que ce petit espace d'apres disner pour uaincre son opinion. Encores s'il uous sembloit bon que ie m'en desistasse, ie ne uouldroye passer plus oultre.

Nous ne uoulons de rien uous empescher messire Gismondo, respondit lors madamoyselle Berenice pour soy & ses compagnes: & d'auantage ne receuōs pour excuse suffisante que l'heure soit tardiue, ains nous plaist que paracheuez uostre propos, ainsi qu'auez promis, sãs abbreger aucune des parties: car encores qu'il uous semble auoir ia longuement parlé, si uous regardez au Soleil, facile-

L.

ment pourrez congnoiſtre que le tẽps qui nous reſte iuſques a l'heure de la retraicte, eſt aſſez long pour expedier beaucoup de matieres: dont ne uous fault eſmerueiller: car nous ſommes icy uenues de meilleure heure que ne feiſmes hyer: & quãd nous y demourerõs plus que ne feiſmes, il n'y aura point d'inconuenient, a raiſon que le bal ne commẽcea de bonne pauſe apres que feuſmes departies d'auec uous. Et pourtant meſſire Giſmondo uous pourrez encores longuement a uoſtre ayſe parler de tout ce que bon uous ſemblera.

Ce ieune defendeur, auquel les paroles de la damoyſelle auoyent eſté merueilleuſement agreables, comme celuy qui commẽcoit d'auoir peur que pour la brieuete du temps il luy falluſt reſtraindre ſes propoz, ueoyant a trauers l'umbre des Lauriers qu'il eſtoit ainſi comme elle diſoit, & eſperãt pour ceſte cauſe pouoir faire plus longue demeure en ce lieu qu'ilz n'auoyent faict le iour paſſé, bien ioyeux d'une commodite ſi grande, eſtoit ſur le poinct de commencer: mais en ces entrefaictes deux belles colombes plus blanches que neige, s'en ueindrent uollant de la montagne par deſſus les teſtes de la gentille aſſiſtence: & ſans aucun effroy ſe ueindrẽt aſſeoir l'une aupres de l'autre ſur le bord de la belle fontaine: ou elles furent quelque temps a s'entre-
baiſer

baiser par grand amour, et faire un suaue murmure: aquoy les damoyselles & gentilz hommes prenoient un singulier plaisir, & les regardoient par grand merueille: car elles inclinerent leur testes deuers l'eau, & commencerent a boire, puis se baigner priuement en presence de toute la compagnie. Ce qui sembloit aux damoyselles la plus doulce & recreatiue chose du monde. Mais pendant qu'elles s'esbatoient en ceste sorte, sans estre surprises d'aucune frayeur, & lauoient tantost leurs aelles, & tantost leurs poictrines, un Aigle rapteur uenant de ie ne scay quelle part, auant que nul s'en apperceust, fondit a plomb sur l'une d'entr'elles, & l'emporta entre ses serres. Adonc la poure qui restoit, se plongea de peur dedans la fontaine, ou peu s'en fallut qu'elle ne se noyast: toutesfois a la fin elle en sortit bien estonnée, & fort debile: & au mieux qu'elle peust secouant les aelles, s'en uolla lentement par dessus les testes de la compagnie, les mouillant d'une petite rosée.

Le soudain rauissement de ceste colombe auoit quasi trespercé de pitie les tendres cueurs des damoyselles, qui feirent un merueilleux rumeur de la terrible ueue de cest accident ; & ne se pouoient garder d'enquerir pour quelle cause cest oyseau tát begnin auoit esté en leur presence ainsi malheureusement rauy par l'aigle furieux, qu'elles mauldirẽt plus de mille foys: de quoy faire aussi ne se peurent totalement abstenir les gentilzhommes: ains par foys eulx & les damoyselles parloient de l'infortune de ce poure oyseau, de la grande frayeur de l'autre, & puis de leur gentille maniere accompagnee de priuaulte fort delectable: de sorte qu'il y eut aucuns de la troupe, qui uoulans adresser leurs entendemens aux choses haultes & speculatiues, estoiẽt pour dire que cela n'estoit qu'une uision, et non chose necessairement aduenue. Mais messire Gismondo uoyãt les damoyselles rappaisees, se remeit a poursuyure son propos, en disant:

Si la belle colombe auoit esté de son rapteur aussi doulcement emportée, que iadis fut Ganymedes du sien, cela pourroit en partie moderer le deuil de sa compagne: & nous aurions a bien grand tort mauldict & coniuré cest Aigle, de qui nous sommes tant lamentez. Toutesfois pource que la marrisson continuée pour chose que lon ne peult amender, est une œuure & peine perdue: laissons maintenant noz douleurs auec celles du seigneur Perotino, & retournons au progres des bontez d'amour, afin que i'accomplisse la promesse que ie uous ay par cy deuant faicte.

Sur ce propos Lisa stimulée d'une gaillardise de
cueur

cueur, auant le laisser passer oultre, & plus pour le tenter que pour autre chose, se print a parler a luy en ceste maniere.

Messire Gismondo uous laissez en mauuaise saison les premiers propoz qu'auez mis en termes: et semble qu'il ne uous en souuienne, estant troublé de la piteuse auanture qui nous a tous renduz estonnez : car si ce que nous auons sentu en noz courages uoyãt la poure colõbelle entre les ongles de son ennemy, se peult nommer douleur ou amertume: et si ce que nous auoit espris de sa iolyuete, se doyt appeller amour, ou chose semblable: il est a presupposer que nous pouons sentir amour et amertume l'un auec l'autre. Et s'il est ainsi, lon uous pourroit par raison obiecter le prouerbe cõmun disant que souuentesfois les paroles ne s'accordent a la pensée.

A ces motz messire Gismõdo soubzriãt se tourna deuers les deux autres, & deit: Voyez uous comme elle argumente? Ce neantmoins, madamoyselle, uous ne me scauriez oster la uerite hors de la main ainsi legierement que l'aigle emporta la colombe: car ie la defenderay a mon pouoir. Mais puis que uous me remettez aux uagues dõt nous estiõs sortiz quand ie concluz que l'amour qui se mesle entre les perturbations du courage, n'est point amour, encores que lon l'y appelle, & soit estimé tel par maintes gens: ie ne suis deliberé de plus retourner en ce pas, ny semblable, a raison que i'en pense estre sorty a mon honneur, si bien, que mes trasses deuront suffire a tous ceulx qui pourroient tumber en semblable destroict, & specialement uous madamoyselle, pourueu que ne ueuillez user cy apres d'obstinatiō, qui est un deffault a quoy plusieurs belles creatures sont subgectes, aussi bien que les beaux cheuaux, que lō treuue pour la pluspart entachez de restiueté.

Lors Lisa belle comme une fleur, deuint uermeille de uergongne: & repliqua en ceste sorte: Messire Gismondo, si les belles femmes & beaux cheuaux ont seulement l'imperfection d'opiniatrise, ie, qui ne suis belle, pourroye a mon iugemēt dire tout ce que bon me sembleroit, & si n'en seroys tenue pour restiue. Mais pourtant que ce uice auertineux accompaigne le plus du temps ceulx qui ueullent defendre une mauuaise querele, uous auez par son moyē trouué la uoye de me faire taire pour meshuy. toutesfois soyez asseuré que ie uous en payeray en temps & lieu, comme il appartiendra.

Cela dict, & apres que la ioyeuse compagnie eut assez ryt de ces paroles, & du rougissement de Lisa, messire Gismondo ayant rompu toutes les trauerses qui pouuoient diuertir son propos, reprint
la

la parole en ceste maniere:

Il n'y a point de doute, mes damoyselles, que la bonté d'amour dont ie uous doy maintenant parler, est inexplicable & infinie: car encores que lon en dye tout ce que lon peult imaginer, si ne la peult on iamais toute mettre dedans les cerueaux des escoutans. Ce neantmoins deduysant a ceste heure combien elle est profitable & delicieuse, lon pourra plus facilement cognoistre le peu qui s'en pourra tirer, que si lon s'en taisoit du tout, cõme ainsi soit, que tant plus sont les fleuues qui deriuent de quelques fontaines, grans, larges & nauigables, plus est il a presupposer que leurs sources sont abõdantes. Ie dy donc, commenceant a l'utilité, que tant plus une chose est cause de biens grans ou extremes, tant plus est elle utile & profitable. Or amour n'est seulement cause motiue d'aucun de ces biẽs, ains est la principale origine de tous ceulx qui se font soubz le ciel, de quelque qualité qu'ilz puissent estre: & par ainsi fault accorder qu'il est utile & recommendable, plus que toutes les autres bonnes choses du monde. Ie pense bien mesdamoyselles qu'il uous semblera presentemẽt que ie commence un peu trop hault a parler de cest amour, & luy faiz la teste trop grosse, comme si ie uouloye mettre celle d'Atlas sur le corps d'un hõme de

L iiij

moyēne stature. Mais, certes, i'en parle cōme ie doy, et n'en dy un mot plus qu'il fault. Pour laquelle chose prouuer, ie uous prie considerez combien le mōde est spacieux, de quātes diuersitez il est capable, & cōbien de manieres d'animaux estrāges il contiēt & norrit en soy. Entre toute celle multitude innumerable il n'y a rien qui ne se sente de l'amour, et ne recognoisse de luy sa naissance et procreatiō, comme de premier pere & progeniteur: lequel s'il ne conioignoit deux corps separez aptes a engendrer leurs sēblables, il ne se produiroit ny naistroit aucune chose sur la terre: car encores que par uiue force deux uiuans idoines a la generation se peussent accoupler ensemble: si amour ne se mesloit entre eulx, & ne disposoit leurs affections a un mesme uouloir, ilz pourroient demourer mille ans l'un auec l'autre, que iamais ne scauroient engendrer. Le poisson cherche entre les undes sa femelle qu'il desire, & elle d'autre part le quiert. ainsi uoulās une mesme chose, ilz donnent multiplicatiō a leur espece. Les oyseaux s'entresuyuent en l'air. les bestes sauuages se cherchēt parmy les forestz, ou s'assemblēt en leurs repaires: & dessoubz une mesme loy toutes ces creatures simples perpetuēt en s'entr'aymāt chascun sa uie trāsitoire & debile. si n'est ce pourtant a dire que seulement les animaux aians ame
sensitiue,

sensitiue, peruiennent en essence au moyen de l'amour: car toutes les forestz de la terre n'ont ny lieu ny forme ny arbre, ou aucune autre qualité, qu'amour n'en soit cause mouuāte. dont, comme i'ay dict cy dessus parlant de ces lauriers, si les arbres n'aymoient la terre, et elle semblablement eulx, iamais pour chose qu'on peust faire, ilz ne se pourroiēt enraciner ny reuerdir. Et ces petites herbettes sur quoy maintenant sommes assiz, mesmes ces fleurs qu'elles ont produictes, n'eussent rendu leur terroir si delectable & si uerdoiant cōme il est, pour nous dōner, peult estre, plus ioyeuse tapisserie, si quelque amour naturel n'auoit conioinct leurs semences & racines en terre, dont elles appetent l'humeur temperé, & elle uoluntairement leur donne: en quoy s'accordent a la generation, & amoureusement s'entr'embrassent l'un a l'autre. Mais que dy ie seulement de ces herbettes? Certainement si noz peres et meres ne se feussent entr'aimez comme ilz ont, nous ne serions maintenant icy, ny (qui plus est) en autre lieu: & quant a moy ie ne feusse point uenu au monde, ou ie sers pour le moins de defendre amour des calumnies du seigneur Perotino. D'auantage, mesdamoyselles, amour ne donne seulement naissance aux creatures, qui est le premier estre, & la premiere uie des mortelz, ains leur procure la seconde: de laquelle ie ne scay que faire de dire qu'elle doyt estre la premiere, c'est ascauoir le biē et heureusement uiure: car sans cela parauanture seroit ce un grād bien de ne naistre point, on de mourir soudainement, ueu que les hommes iroient encores errant comme bestes parmy les forestz & mōtagnes, nudz & ueluz, sans hōneste retraicte, conuersation, ou aucune familiarité, comme le seigneur Perotino a ia dict qu'ilz faisoient au premier aage: mais Amour les a unix ensemble: puis leur a enseigné de uiure politiquement en communaulte: de laquelle ueint que pour exprimer leurs premiers desirs, ilz denouerent leurs langues encores muettes, & laisserent la uoix brutale pour donner cōmencement a la parole: qui ne fut gueres de tēps exercitée entr'eulx, qu'ilz n'abandonnassent leurs creux d'arbres & cauernes hydeuses pour habiter en petites logettes, qu'ilz couurirent de chaume, ou fut delaisse le glan pour uiure de la uenoyson des bestes, qui souloient estre leurs compagnes. Et en ces entrefaictes Amour croissoit petit a petit quand & ce nouueau peuple: auec lequel aussi pullulerent les sciences & artz. Et adoncques les premiers peres commencerent a recognoistre leurs enfans: lesquelz apres uenuz en aage, leur estoient obeyssans et seruiables: tellemēt que soubz la doulce auctorite du

mary

mary & de la femme les humains furent sainctement accouplez des lyens d'honneste uergogne. En ce temps les uilles se remplirent de nouuelles habitations,& les citez se fermerent de murailles defensables. Mesmes les coustumes & usages s'armerent de loix fermes & uigoureuses. aussi commencea de multiplier sur la terre le tressainct nom d'amytie, lequel par soymesme declare assez d'ou elle print naissance. puis germant & croissant de iour en iour, se print a espandre par tout, & a produire fleurs nouuelles, couronnant ceste grande machine de fruictz tant delicatz & sauourables, que le monde s'en repute encores bien heureux: nonobstāt que la plante forlignāt de siecle en siecle, auāt que peruenir iusques a cest aage depraué, a perdu sō odeur nayue, et sa premiere doulceur pure, simple, et nō sophistiquée. En ceste saison la nasquirēt les dames heroiques, lesquelles courageusemēt se precipiterēt dedās les pyramides ou brusloiēt les corps de leurs mariz, principalemēt Alcesta, que lō ne peult assez louer: et aussi les couples d'amytie, q se trouuerent tāt loyales et tāt solides, entre lesquelles fut celle de Pylades et Orestes, q feit la magnanime altercatiō en preséce de Diane trop cruele. Les lettres sainctes et sacrées prindrēt adōc cōmécemēt: et les amoureux enflāmez de leurs dames chanterēt les premiers uers poetiques, lesquelz petit a petit se limerẽt, de sorte quilz peruindrẽt a la perfectiõ qui maintenãt resiouyt les cratures raisõnables, specialemẽt uous, mesdamoyselles, q̃ uous en delectez, cõme lon ueoit par euidence. Et cõbien que ces poesies traictẽt souuentesfois autres matieres q̃ d'amours, si est ce que ce dieu est un souuerain docteur en cest art, si art se peult nommer chose que nous enseigne amour, diligent excitateur des entendemens endormiz. En ceste poesie, mesdamoyselles, ie ne scay encores bien si ie puis auoir faict quelque profit entre tãt de gens qui s'y exercẽt: toutesfoys s'il estoit ainsi, ie recognoistroye ce bien d'Amour, sans lequel ie seroye pis qu'un arbre despouillé par l'yuer de fruict & de feuilles. Mais pourquoy me uoys ie amuzant a reciter ces choses legieres & debiles tant de moy que des autres hommes, en comparaison de la merueilleuse puissance de nostre dieu? Sãs point de doute si ceste machine ronde, grande & belle, que nous appellons Monde, en qui toutes choses sont comprises, & que nous contemplons plus perfaictement des yeux de l'esprit, que de ceulx de noz testes, n'estoit rẽplie de l'amytié qui l'estrainct d'une chaine de concorde discordante: elle n'auroit point de durée, & ne pourroit consister en son entier. Amour doncques est occasion de toutes choses,

comme

comme uous pouez assez congnoistre. Et puis qu'il est tel, necessairement conuient dire qu'il est cause de tous les biens qui se font en l'uniuersel. dōt fault conclure que celluy qui est plus profitable a la cōmunaulte des uiuans, est meilleur que toutes les bōtez du monde. Vous semble il maintenāt, seigneur Perotino, qu'il ne me soit demouré aucunes armes a prendre? ou qu'il reste quelque chose que ie n'aye pris pour m'en aider?

Sur ce poinct madamoyselle Berenice, auāt qu'il recommenceast a parler, print de sa main gauche la droicte de Lisa qui estoit assize aupres d'elle, & l'estraignant tout doulcement, comme s'elle luy eust uoulu ayder en quelque chose, se retourna deuers messire Gismondo, & assez hardiment luy deit:

Puis que uous (mon gentilhōme) auez sceu poindre les femmes en sorte que Lisa ne ueult meshuy auoir parole a uous, chose que parauanture auez faicte a fin d'auoir moins d'empeschement par noz interlocutoires, & qu'elle est ma sœur & compagne: ie ueuil tascher de luy dōner quelque reuenge en cest endroict, nonobstant que ie soye de ma part assez debile & mal exercitée a telles armes. Et pour uenir a mon intention, ie uous demande, si amour est occasion de toutes les choses, comme uous asseurez, uoulant qu'il soit motif de tous les biens qui se font en toutes les pars du monde : pourquoy ne dictes uous par mesme moyen qu'il est cause de tous les maulx qui se perpetrēt soubz le ciel? Vous deuiez (certes) ainsi conclure, a tout le moins si uostre argumēt doyt auoir lieu: car si le biē des oraisons et autres suffrages que ie dy iournellemēt, doyt estre referé a l'amour, pource que ie suis née par son pourchas, il doyt aussy porter la coulpe de toutes les offēses q̃ ie faiz, a raison q̃ si ie ne feusse point née, ie ne pecheroye aucunemēt. Et ce que ie uous dy de moy, s'entēd de tous autres hommes et femmes: dont fault necessairement resumer qu'Amour n'est moins origine de tous maulx, qu'il peult estre source des biēs. et par ceste cōclusiō ie ne puis bōnemēt cōgnoistre qu'il ne soit autāt nuysible q̃ profitable.

Si faictes, si, madamoyselle: uous pouez iuger autremēt, cōme ie croy: respondit messire Gismōdo: car ie ne uous estime de memoire tāt labile, qu'ayez desia mis en oubly ce que ie disoie prochainement: mais ie pēse q̃ uous estāt stimulée de quelq̃ affectiō occulte, uoulez uenger uostre compagne d'une chose en quoy ie ne la pense auoir offensée: & pour ce faire, me remenez, comme elle faisoit, aux uagues dōt ie suis sailli. Ne uous souuiēt il point q̃ i'ay dict que pour estre toute chose naturelle bōne de soy, amour est tousiours bon, & ne scauroit estre mauuais

uais en aucune maniere, cōme celuy qui est naturel: parquoy il est bien occasion de bonnes œuures que uous faictes, ueu mesmemēt qu'il uous meit au mōde pour biē faire. mais si uous commettez quelque mal (ce que certes ie ne puys croire) la coulpe en doit estre attribuée a un appetit desordonné & non naturel, qui esmeut en uous la mauuaise pēsée: & nō a l'amour. Ceste uie que nous menons, est seulement concedée afin que nous facions bonnes œuures, non que la consommions en malices: & est ainsi comme un couteau, lequel fut forgé par l'ouurier pour seruir a noz usages, & en secourir a autruy. Or si uous mesusez du nostre, & moy du mien: la coulpe ueritablement est nostre, non du couteau, ny du coutellier: car il n'auoit forgé ce fer pour estre instrument d'aucun mal. Mais passons, s'il uous plaist, iusques a la doulceur d'amour, nonobstant que ce soit une charge fort penible, que de uouloir expliquer par paroles une chose qu'on sent trop mieulx en courage, qu'on ne la scauroit diffinir par paroles, comme l'exellēce damour: car ainsi que le painctre peult tellement quellement representer la blancheur de la neige, non la froideur, pource qu'elle est subiecte a l'attouchemēt, nō pas a l'œuil, qui n'est sinō iuge de la painčture: ie uous ay peu iusques à present en partie demōstrer quel est le biē qui uiēt

SECOND LIVRE DES

d'amour: mais il ne seroit possible que le son de ma parole feist entendre a uoz oreilles, ses doulceurs, qui penetrent en noz cinq sens, & surabondent en eulx par felicité plus grande que l'ordinaire: car pour chose que i'en peusse dire, ie ne les uous scauroye paindre au naturel. Toutesfoys ie me conforte en ce, que si uous n'estes trois pierres de marbre (ce que n'estes) uous auez cogneu par experience & cognoissez de iour en iour quelles sont ces delices: parquoy ie n'en scauroye a ceste heure toucher si peu que ce soit, qu'il ne uous souuiēne du plus: & cela pourra suffire autant que si lon exprimoit le tout. Mais ou commenceray ie? que diray ie premierement de uoz suauitez inexplicables, o Amour? Ie uous supply apprenez le moy, seigneur, qui les distribuez ou bon uous semble. Et puis qu'il fault que ie passe par elles, guydez moy de sorte que ie ne m'y perde. Pour doncques ne confondre en parlant les parties qui nous peuuent separement resiouyr, parlons en premier lieu de la ioye qui prouient des yeux: laquelle coustumierement est des premieres suauitez d'amours.

Quand messire Gismondo eut ce dict, il rendit par une petite pause, la compagnie plus attentiue. puis reprint son propos en ceste sorte:

Les regardz des amoureux, mesdamoyselles,
ne sont

ne sont semblables a ceulx des autres hommes: car les seruãs de ce dieu n'ont accoustumé de cõtempler auec aussi peu de fruict les obiectz de leurs ueues, que fõt ceulx qui ne sont en son seruice: d'autãt que auec le battemẽt de ses aelles il leur espart une delectation si grande, qu'apres les auoir purgez de tout esblouyssemẽt, il faict qu'eulx parauãt debiles et cõme obfusquez de la ueue, soudain changẽt de regardure: car deuenuz ingenieux a merueilles en ce qui cõcerne leur negoce, ilz cõtemplẽt en singulier plaisir les choses qui sont agreables aux yeux: ou les autres hõmes ne prennent souuentesfois que peu ou cõme point de goust a speculer les obgectz doulx & rempliz de bonne grace. Et combien que plusieurs choses que nous uoyõs ordinairemẽt, soyẽt delectables a la ueue, si est ce que par dessus toutes celles qui se peuuent discerner, les belles dames, cõme uous estes, sont les plus agreables et sauoureuses: toutesfoys elles ne causent aucune doulceur sinõ aux yeux de leurs seruãs, a qui seulz Amour dõne puissãce de penetrer iusques au fõs de leurs poictrines. Et si par foys ces belles delectẽt les spectateurs, pource qu'ilz ne seroiẽt pas hõmes, a qui uoz beautez ne plairoient: si n'est ce qu'une petite fleur au pris de la ioye des amoureux, qui passe toutes celles du printemps mises ensemble: car il aduiẽdra

M

maintesfois qu'une belle dame passera pardeuãt les yeux d'une grãde assemblee d'hõmes, et sera uolũ-tiers regardée de tous: mais s'il en est un ou deux entre mille qui la poursuyuẽt d'œuil plus uif, il y en aura parauanture cent qui ne getteront le secõd ou troysiesme regard sur sa belle facture: ou si le seruiteur d'elle est d'auanture en ceste troupe, & il la ueoyt, encores que ce ne luy soit chose nouuelle, il luy semblera que mille iardins de roses soyent ouuertz deuãt ses yeux, et sentira en un momẽt aller a l'entour de son cueur une somme de si grãde suauite, que tous ses nerfz, ueines et ligatures en receurõt une ioye ayãt pouoir d'anichiler la plus grosse tristesse q̃ les incõueniẽs de ceste uie auroiẽt apportée et laissée: car adõc le biẽ heureux amãt regardera sa maistresse d'œuil immuable: & discourant par toutes les parties apparentes de son corps, auec un plaisir gousté seulemẽt des amoureux, tãtost cõtẽplera sa belle cheuelure plus reßẽblãte a or bruny qu'a autre chose: laquelle estãt egalemẽt mypartie sur la fontaine de la teste par une ligne droicte, & uenãt a descẽdre pardessus les espaules iusques aux piedz, est troussée en plusieurs beaux cercles. (ie uous supply ne prendre en mauuaise part, si en mon propos qui est maintenãt des belles dames, ie forme les exẽples sur uous) Puis du long des tẽples
sur

sur les ioues les petitz cheueulx branslans doulcement a l'air, q pēdēt cōme petites houpettes, de bōne grace: en sorte qu'il sēble q ce soit un miracle nouueau d'une umbre mouuante sur un amas de neige fraische et blāche. Tātost apres cest amoureux speculera le front poly: lequel en sa circumferēce iolye tesmoigne que c'est la demeure de purite solide & ferme. Puis descendra aux sourcilz de fin hebene, applaniez et trāquilles: soubz lesquelz uerra luyre deux beaux yeux noirs et amples, muniz de grauite honneste, accompagnée de doulceur naturelle, estincellans comme deux estoilles en leurs cours. Qui luy fera donner mille benedictions a son aduanture prospere, mesmes au iour & a l'heure que premierement il getta son regard sur une lumiere tant belle. Cela faict uiendra aux deux ioues rondes & delicates: de la blancheur desquelles ne daignera faire cōparaison auec celle du laict, sinon entāt que par fois elles cōtendēt auec la fraischeur uermeille des roses espanyes du matin. Et en ces entrefaictes ne laissera de ueoir la bouchette contenāt biē petite espace, bordee de deux rubiz d'autāt beau lustre qu'il est possible souhaicter, et qui ont force d'allumer en tout hōme, pour froid et mortifié qu'il soit, un grād desir de les baiser. D'auātage il cōtemplera, puis exaulcera sur toutes choses, la partie

M ij

de la poictrine blanche comme alabastre estāt exposée a la veue. Toutesfois encore prisera il plus en son cueur celle qui est close & couuerte: et la regardera d'un œuil merueilleusemēt affectionné: car la robe fort gracieuse ne defend pas tousiours aux hōmes de veoir la singularite de deux pommettes resistentes au drap flexible, si biē qu'elles peuuēt dōner tesmoignage de leur forme belle par excellence, malgré qu'en ayt la coustume qui les faict ainsi tenir cachées.

Ces dernieres paroles cōuyerēt les yeux de toute la compagnie a regarder la poictrine de Sabinette, laquelle il sembloit que ce gentilhomme eust pris a descrire plus que nulle autre, veu que la ieune damoyselle propre et gaye de sa nature, pour estre (ce croy ie) plus iolye, ou pour le chault de la saison, qui estoit encores bien grand, s'estoit vestue d'un tafetas delyé, ioinct au corps de bien bonne grace, tellemēt qu'elle monstroit atrauers deux petitz tetins rōdz et fermes cōme deux pōmettes nō encores puenues a maturite. parquoy se voyant regarder, elle deuint toute rouge de hōte: et plus feust mōtée en coleur, n'eust esté q̄ madamoyselle Berenice luy voyāt chāger contenance, incontinent commencea ce propos:

Cest amoureux q̄ vous paignez, messire Gismōdo, est a mō gré un petit regardāt de trop pres, puis qu'il qu'il nous ueoit iusque dans les poictrines, que nous tenons si soingneusemēt fermées. Quāt a moy ie ne uouldroye pas qu'il me regardast ainsi. A quoy le gētilhōme respōdit: Si feriez biē madamoyselle: car il y a assez de quoy. Toutesfoys pour continuer matiere, i'oze dire q̄ les amoureux auec leurs ueues penetrēt atrauers toutes choses: et par ce qui est apparent, souuentesfois peuuēt comprēdre le reste que lon tient caché. Parquoy fermez uous cōme il uous plaira cōtre les yeux de tous les hōmes: il n'est pas en uostre puissance de uous cacher a uoz seruans: & aussi en bōne foy uous ne le deuriez pas faire. Ie uous laisse maintenant a penser mesdamoyselles, si le seigneur Perotino auoit bōne raison de dire que les amoureux sont aueugles. Certes il fault que ce soit luy, d'autāt qu'il ne peult ueoir les beautez tāt dignes d'estre contemplées: & nous ueult paindre certains songes en lieu de choses ueritables. en quoy il s'abuse de tous poinctz: car il ne nous scauroit faire ueoir ce qui n'est pas, & encores moins ce qui ne peult estre, scauoir est un enfāt nu emparé d'aelles portāt un flābeau, et des dardz, ou (pour mieux dire) une chimere qu'il pretēd former par ses dictz. Ainsi ie suis contrainct de croire qu'il ne uoit qu'a trauers un de ces uerres qui ont accoustumé de mō-strer merueilles a ceulx qui s'amusēt a regarder en eulx. Mais pour retourner a l'amant duquel ie uous parle: entretãt qu'il s'esbat a ces choses et autres de quoy ie me taiz, & les ua toutes regardãt auec les yeux de son esprit, il sét passer parmy ces ueines un plaisir tãt delicieux, qu'il ne luy séble iamais auoir gousté le pareil. a raison de quoy parlant a soymesme, il demãde comme tout rauy, Quelle doulceur est ce que ie sentz? O merueilleuse force du regard amoureux. Quel homme est maintenant aussi ayse que ie suis? Sans point mẽtir, mes damoyselles, ceulx qui ne seroiẽt affectionez a la dame qu'ilz auroiẽt ueu passer, ne diroient iamais telles paroles, pource qu'en corps ou n'est amour, la ueue et l'esprit y sommeillent, uoire a bien peu que ie ne dy, les yeux & mesmes le cerueau sont pour la pluspart du temps endormyz. Toutesfois ceste ioye penetrant par le regard iusques au profond de sõ cueur, n'est la derniere de ses doulceurs, ains luy en peult suruenir a toutes heures une infinité d'autres nouuelles, et toutes differẽtes, cõme de ueoir promener sa maistresse auec quelques uierges ses cõpagnes sus les herbettes des prez, ou le long des ruysseaux et fontaines, ou bien cheminer cõtre un uent fraiz sur le grauier de la marine, obeyssant aux plantes q̃ le pressent: et aucunesfois y trouuer quelques uers amoureux escriptz de la main de la belle, qu'il entẽdra sãs interprete

terprete. Ou la ueoir en quelque iardin cueuillir des fleurs couuertes de rosée perlée, & les agencer en leurs feuilles pour en faire parauãture preset a luy qui en est le spectateur. Ou si elle danse en quelque compagnie, luy ueoir accõmoder ses gestes au tẽps & aux cadences, se tenant droicte sur la personne: et en cõpartissant ses pas, presenter une maiesté digne de toute reuerence. Ou quand uient a se tourner, le faire de tant bonne grace, que son maintien remplit de souuerain plaisir tous ceulx qui assistent au bal: lequel finy, si elle poursuyt une gaillarde, passepied, ou autre courante, il pourra ueoir ses mouuemẽs frapper en la ueue des hommes comme un soleil qui ne faict q̃ passer. Toutes ces delectatiõs, mesdamoyselles, peuuẽt aduenir aux nouueaux amoureux, nõobstãt qu'ilz ne soiẽt encores biẽ cõfirmez en leurs seruices. Mais si ie uouloye parler de ceulx q̃ ont le biẽ de iouyssãce, i'oseroie affermer que tous les plaisirs q̃ recoyuẽt par la ueue en toute leur uie ceulx qui n'aiment, aucunemẽt ne se peuuẽt acõparer au moindre de ceulx qu'a l'amãt quãd il se treuue auec sa dame, et la peult ueoir a sõ aise, et elle pareillemẽt luy, repaissant leurs yeux pleins de desir, errans ca & la, uoire s'entr'enyurans l'un de l'autre, par boire doulceur sur doulceur. Dea qui me faict tãt cõsumer de tẽps et de paroles a uous dire

M iiij

des choses lesquelles peu ou assez agreables qu'elles se rendent a aultruy, sont neantmoins tousiours plaisantes d'elles mesmes: & comment que ce soit, delectent ceulx qui les regardent, principalement les amoureux, a qui souuētesfois sont doulces et delicieuses oultre mesure quelques unes qui causēt ennuy & fascherie a autruy. Combien sont doncques malaysees les sainctes forces de l'amour a estre expliquées de paroles, puis qu'a grand peine peuuent elles estre imaginées en noz courages? Quelle chose peult estre plus grieue que ueoir pleurer ce que lon aime? Qui est celuy de cueur si dur, qui pourroit sans aucune passion ueoir tumber les chauldes larmes tout au lōg de sa face? Veritablemēt un amoureux uoit aucunesfois cest acte en la dame qu'il a plus chere que tout le reste du monde, & en sent trop plus grād plaisir q̄ ne font tous les autres hōmes d'une infinité de risées. Parquoy ie uous requier & supplie par la uertu laquelle estāt logée en uoz poictrines, tient uoz cueurs en contentement, qu'encores que ie ne pense pouoir exprimer la doulceur q̄ le mien a autresfois sentue en semblable rēcōtre, uous ueuillez estre cōtentes qu'a tout le moins i'en dye le peu q̄ ie pourray, et cōmēt ce bō heur m'aduint. Toutesfois si en ce propos il uous sēble que ie marche un seul pas oultre ce q̄ uous auez accoustu

mé

mé mõstrer aux hõmes, q̃ uous agrée en deuisant,
differez (a ma requeste) ces demõstrãces iusques en
autre saison: puis quãd uous serez en la sale auec la
Royne, reprenez uostre seuerité hõneste, laquelle est
plus requise aux faictz qu'aux dictz, ou a l'audi-
tiõ des paroles. Et pour uous induire a ce faire, cõsi-
derez que la uerdure de ce lieu semõt les persõnes
a plaisir : aussi que le temps de ces nopces apporte
quelque licence de s'esbatre: mesmes que la suauité
de ceste matiere me semont a donner plus de bride
a ma langue desireuse, que ie ne luy en donneroye
une autre foys. Ie uous supply doncques de rechef
mesdamoyselles qu'il uous plaise de m'escouter.

A ce mot Berenice s'estant retournée uers ses cõpagnes, se print a dire, Si ie pensoye certainement
que messire Gismondo pour defense que luy peussions faire, se uoulust abstenir de dire ce qu'il monstre nous uouloir compter, ie diroye que le luy de-
fendissions : & de ma part seroye la premiere qui
luy imposeroye silence. mais puis qu'il a desia mis
en sa teste de dire ce qu'il pretend, il n'y a point de
doute que si nous le permettõs, il le dira : et si nous
le defendons, encores le uouldra il dire. parquoy
mon aduis est, si bõ uous semble, qu'il y aura moins
de mal d'attendre la sentẽce de sa uolunté, que perdre le tẽps a insister au contraire. Nostre opinion

est la uostre, respondirent lors les deux ieunes damoyselles: & demourãt la parole a Sabinette, elle suradiousta ce mot, Ie uous cõseille messire Gismõdo, que preniez biẽ garde a ne dire chose qui puisse abaisser uostre honneur : car Lisa se ueult reuenger du coup de bec que luy auez donné, & uous rendroit uoluntiers la pareille, s'il uenoit a poinct: a tout le moins ie la uoy mal entalentée : & si lon a barre sur uous, puis apres ne uous seruira de dire que nous femmes faisons seulemẽt demonstratiõ de ne uouloir entẽdre q̃ propoz uertueux et hõnestes.

Adonc messire Gismondo se retournant deuers Berenice, deit, Ie uous asseure madamoyselle, que ie crains ceste cy plus que la male auanture. Voyez uous comment elle reprend ce que lon dict? Toutesfois ma mignonne demourez en paix: car ie suis deliberé de suyure entieremẽt uostre conseil en cest endroict. Et ces paroles dictes il commenca son discours en ceste maniere.

La saison d'esté estoit a demy passée, & le iour se monstrant pur et serain par toute la face du ciel, auoit desia faict demy uoye quand ie m'en entray en la chambre de ma dame, laquelle par lõgue experience de ma foy, estoit un peu moins farouche qu'elle n'auoit accoustumé. Lors elle & moy allasmes asseoir en un lieu assez retiré pour deuiser

ſer plus a noſtre aiſe. En ceſte chãbre qui auoit les feneſtres ouuertes du coſté d'orient, et de la Tranſmõtane, entroit un petit uent fraiz et delicieux, qui des extremitez de ſa doulce allene nous battoit ſi treſſœfuemẽt, que ne ſentions cõme point la grande chaleur de la iournee. Et pẽdant que nous preniõs plaiſir a reciter la longue hiſtoire de noz afflictiõs amoureuſes en ceſte agreable demeure, plus pour ne demourer ſans propos, que pour autre occaſion qui ſe preſentaſt, ie me prins a luy dire ainſi : Nous auõs maintenãt, madame, aſſez deduict pour ceſte fois, iteratiue a pluſieurs autres, quel a eſté l'eſtat de uoſtre uie pour l'amour de moy, & celluy de la mienne pour amour de uous: & de ce n'auons recueuilly autre fruict que la ſimple ſatisfaction de noz penſees: qui n'eſt pas (certes) peu de choſe: mais nous n'auons iamais touché un ſeul mot de l'aduenir: & ne ſcay cõment n'en tumbõs en propos, puis que la cõmodite le permect: car il me ſemble ſoubz correction, que nous en deuſſions parler plus ſouuẽt, ueu qu'apres qu'une choſe eſt faicte, s'il y a mal, on ne le peult amender pour quelque raiſon que lon dye : mais a celles qui ſont a faire, on y peult mettre bon ordre en parlant & conſeillant: ou ſi lon s'en taiſoit du tout, elles pourroient facilement tirer a la mauuaiſe uoye. Or afin que cela n'aduienne, parlons desormais, s'il uous plaist, du succes de noz amours. Parlons, dict elle, mon seigneur, de tout ce que bõ uous semblera. Laquelle response entẽdue, ie commenceay a dire ainsi:

O dernier refuge de mes desirs, ie uous supplie par toute l'amytie que uous m'auez tousiours portée, & encores faictes de present, dictes moy, quelle seroit nostre uie s'il aduenoit (que dieu ne ueuille) que me perdissiez par la mort? car sans point de doubte cela peult aduenir a toutes heures. O unique soustien de ma uie, respondit elle, si en l'autre monde se recognoissent les ames qui en cestuy cy se sont longuement entr'aymées, nulle chose scauroit faire que ie uous perdeisse. Mais, helas, que demandez uous? N'interroguez uous pas quelle seroit la uie de moy poure desolée, si uous me laissiez maintenãt? Iamais dieu ne ueuille permettre qu'on puisse dire que messire Gismondo est mort ou perdu, et s'amye est demouree uiuante. Helas, que mon amy me laisse, & s'en uoyse arriere de moy?

Ia plustost n'eust elle acheué ces paroles accompagnées d'une contenance tant piteuse qu'une montagne s'en feust esmeue depuis le pied iusques au feste, non seulement un cueur humain, que les larmes, qui durant son propos estoient descendues aux yeux, entrerompãt son parler auecques un profond souspir,

souspir, cheurēt en telle impetuosite sur sa face, que l'une n'attendoit point l'autre. O damoyselles bien aimées, si iamais aucune de uous se trouua auec son seigneur en pareil accident que ie fey lors auec la personne que i'aime plus que ma propre uie, ceste la seule peult penser quelle suauité mon cueur sentoit de ueoir une chose si doulce, & que chascune de ces larmes m'estoit plus precieuse que nul tresor, ueu qu'elles redondantes en ses yeux par une ueine copieuse, ne leur ostoient ne peu ne point de leur belle clairte nayue, merueilleusemēt resplēdissante : ains par nouuel embrazemēt du cueur estāt deuenue plus uiue, sortoit de ses yeux comme deux brādons allumez : et ses espritz errās atrauers du blanc & du noir, au moyen de l'agilite de leur humeur, rendoient auec leurs flammeches ie ne scay quoy de plus agreable en son regard. D'auantage ces mesmes larmes s'allumoiēt de leur propre chaleur comme font les eaux qui bruslent par artifice quand on les gette en un grand feu : & sortant du cerne de ses yeux sur son uisage en guyse de gouttes de crystal, ou de rosee, distilloient sur mon espaule gauche, contre laquelle ceste mienne dame, quand elle se meit a pleurer, auoit appuyé sa teste, & de sa ioue droicte la pressoit assez doulcement. O fardeau doulx & agreable non moins au cueur qu'a

l'espaule de celluy qui uous soustenoit, & nō moins reposant sans cesse sur son ame comblée de plaisir, que faisiez lors sur la personne: soustenez uous un petit en uous mesmes, afin que ie poursuyue plus oultre continuant propos de uous : & ne chargez tant mes espritz de la doulceur de uostre pensee, qu'il me conuienne faire ce que ie fey a ceste heure la. Ie uous asseure, mes damoyselles, que uoyāt madame pleurer si chauldement par une amytie si extreme, mon cueur sentoit une lyesse telle qu'oncques ne fut en ma puissance former une seule parole pour la reconforter : et fut force que ie me teinse une grande espace de temps sans dire mot. mais ce pendant ie baisoye ses yeux puis l'un puis l'autre, et beuuoye ses larmes amoureuses ia coulantes parmy les miennes. Et fault que ie cōfesse, qu'aussi tost que ie la uey pleurer, le cueur m'attēdrit si tresfort, que ie ne me sceu iamais garder de laisser distiller mes larmes auec les siennes. toutesfoys apres que noz yeux furent bien saoulez de pleurer, nous cōmenceasmes a essuyer elle les miens, & moy les siens, sans pouoir encores lascher aucune parole. Finablement ie reuocquay petit a petit mes espritz occupez de ioye extreme, et en uoix encores assez debile me prins a parler en ceste maniere: Pleust a dieu, ma dame, qu'auant sortir de ceste uie, ie peusse
passer

passer quelques iournees auec uous aussi doulcemēt que i'ay faict ceste cy: car quād il me fauldroit mourir, ie m'en penseroie aller perfaictement heureux & comblé de lyesse. Ainsi tumbant de paroles en paroles, au grand contentement de moy & de ma mieux aimée, nous consumasmes beaucoup de longues heures, rememorant tousiours noz larmes. Ie ne scay pas mesdamoyselles si i'auray iamais à l'aduenir des iours semblables a cestuy la: mais ie vouldroye de bien bon cueur, si les astres doyuent estre cōtraires a mes desirs, que pour le moins il me feust concedé escrire ceste iournee aux autres amoureux telle que ie l'ay eue, afin qu'en la lisant ou escoutāt, ilz puissent mille & mille foys prendre le plaisir que ie receu lors par la ueue.

Sans point de doubte mon gentilhōme, deit lors Berenice, si uous scauez aussi biē descrire que raisonner, il ne uous fault pour cest effect autre grace du ciel : car croyez moy, ie pensoye n'agueres en uous oyant, estre la poure desolee qui se lamentoit, et que mon seigneur me feist la dure demande que uous feistes a uostre amye: qui eust biē faict a mon aduis si elle ne se feust si legieremēt rappaisee, ains uous eust faict pleurer uostre follie beaucoup plus long temps qu'elle ne feit.

Le gentilhōme encores tout rauy du souuenir du

propos de sa dame, & de ses larmes tāt piteuses, ne respondit aucune chose a ce que Berenice luy disoit: parquoy les deux autres damoyselles et messire Lauinello conclurent auec la premiere qu'il conuenoit plus grande punition a la parole tant indiscretemēt laschee: et tous ensemble en deuisoiēt, se gaudissant de luy en grād plaisir pour la nouuelle occasion qui leur en estoit aduenue. Mais luy qui en cest art estoit maistre, & se laissoit peu souuent matter, apres les auoir laissez quelque peu rire et causer a leur aise, mettant apart les piteuses pensees de sa dame, & regardant madamoyselle Berenice fermemēt au uisage, luy deit:

Vous deuriez estre fort cruelle & esloignée de compassion quand ce uient a ces accidens, puis que uous estimez des autres qu'elles deussent faire en ceste sorte. Toutesfois si mō œuil ne m'abuse, uostre uisage ne demonstre qu'il y ait en uous tant de fiel, ains me semble perfaictement que soyez l'une des plus gracieuses de ce mōde: & suis certain que si le ieune hermite de Certal uous eust ueue la premiere foys qu'il sortit de son hermitage, il n'eust demādé a son pere autre Canne que uous pour remener auecques luy afin de passer son temps auec elle.

A ce mot Berenice regardant ses compagnes en contenance moytie pleine de uergongne & de
meruelle,

merueille, ne rendit aucune responſe. Parquoy Liſa qui depuis ſon rougiſſement auoit touſiours attendu qu'il en poigniſt quelque autre, pour auoir compagnie en ſon mal: uoyant qu'elle demouroit eſtonnée, tout en riant luy deit ce mot:

Il me plaiſt fort madamoyſelle que la greſle qui tumba n'agueres en mon iardin, tumbe maintenant ſur le uoſtre: et ne doy plus tenir ma cholere contre meſsire Giſmondo, puis qu'il ne uous eſpargne non plus que moy: ains oze bien dire maintenant qu'il a ce iourd'huy rompu le clacquet. Parquoy ie uous ueuil conſeiller que meſhuy uous ne le tentez: car il picque de toutes pars comme un chardon ou une ronſe. Ie m'appercoy bien qu'il eſt ainſi, reſpondit lors Berenice: & uous dy meſsire Giſmondo que paſſez oultre ſeurement: car uous nous auez, ce iourd'huy bię ſceu faire taire a uoſtre mode. Parquoy de ma part ie ueuil eſtre muette le reſidu de ceſte iournee.

Ainſi s'eſtant le gentilhomme deliuré de ſes damoyſelles, & luy reſtant l'autre carriere plus libre et moins encombrée pour y pourſuyure ſes propoz: reprenant la parole a ſon bel ayſe, il ſe meit a continuer en ceſte maniere.

Les delices, meſdamoyſelles, que ie uous ay recitees de moy & des autres amoureux, uous peuuét faire uenir en memoire celles dont ie n'ay encores parlé, qui sont sans point de doute en tel nombre, si merueilleuses, et tant uiues, qu'il ne se fault d'oresnauant esbahyr comment Leander pour ueoir un peu de temps sa dame, se mettoit souuentesfois a passer en nage un bras de mer spacieux et plein de peril. Mais uenons maintenant a parler de l'autre sentiment, qui apporte a l'ouye les uoix procedentes des organes aymez. Et certes si lon le considere, ses doulceurs ne sont de rien moindres que celles de la ueue, pource qu'en autāt de manieres que le regard peult apporter aux amoureux certaines occasions de plaisir ueoyant leurs dames: autāt leur en peult causer l'ouye des uoix diuines & angelicques: car tout ainsi comme un obgect diuersemēt ueu de noz yeux, nous donne des plaisirs differēs: ainsi une mesme uoix entēdue de noz oreilles, nous cause doulceur en mille manieres. Mais que uous puis ie dire d'auantage a l'endroict de ces delectations, qui ne uous soit autant manifeste que a moy? Ne sçauez uous quele grande satisfaction apporte aux cueurs des ieunes dames amoureuses un propos asseurement continué auec leurs amys en quelque lieu solitaire, ou dessoubz les plaisantes courtines des arbrisseaux, comme nous faisons a present, sans que personne les entende sinon Amour, lequel

quel adonc ne se monstre moins bon excitateur des pensées craintiues, qu'il est ordinairement secretaire loyal des choses qui sont dictes en sa presence? Ignorez uous aussi mesdamoyselles, combien grande est la suauité dont amour tient deux ames rauies par un reciproque interlocutoire des choses leur estant aduenues, accompagné d'un demander, d'un respondre, d'un prier, & d'un remercier bien humble? Ne uous est il aussi bien apparent & manifeste, que toute parole d'une partie a l'autre, tout souspir, murmure, accent, ou uoix a demy formee est occasiõ d'une ioye infinie? Qui est celuy d'estomach si estrãge, et en qui tant seroiẽt estainctes toutes les estincelles d'amour, qui ne congnoisse combien est delectable le recit d'aucunes de ses rymes, si sa dame en est escoutante, ou s'il est auditeur de celles qu'elle pourroit auoir faictes? Ou en lisant les fortunes des amoureux du temps passé, si aucunes des leurs y pouoient estre comparées, & trouuer aux liures d'autruy leurs propres pensemens escriptz, les uoyant telz sur le papier, qu'ilz les ont sentuz en leurs courages, ce que chascune des parties recite en extreme affection, & en merueille doulce le possible, equiparant ses accidens a ceulx la? En quele suauité aussi cherchẽt et penetrẽt noz espritz les chãsonettes dictes de noz amyes, et par eſpecial celles q̄ ſont accōpagnees de l'harmoniȩ de quelque inſtrument gracieux ſonné de leurs mains doctes et muſicales? Mais s'il aduient qu'elles y chãtẽt aucunes des noſtres, ou de celles qui ſont de leur facon, O dieu combien augmente cela noſtre grande beatitude? Certainement encores que les lettres & la poeſie ſoient quaſi naturelles aux hommes, ſi eſt ce que amour ſeiournant en noz ames, nous enſeigne le plus des foys ceſt art ſoubz la diſcipline de uoz yeux, belles : & pareillement ſi toſt qu'il eſt entré en uoz poictrines iuueniles, il ne ſe peult faire qu'il n'y produiſe quelque ryme, et n'en face ſortir aucune cōpoſition. leſquelles choſes plus ſont rares en uous, plus nous apportẽt elles de cōtentemẽt quãd nous uenons a les entendre. Et de la uient que tãt plus noz dames & maiſtreſſes renforcẽt leurs harmonies de paſſages bien diminuez : tant plus ſont elles renforcer la doulceur conceue en noz eſpritz : laquelle paſſant iuſques au ſiege de l'ame, nous cauſe une ioye ſi grande, qu'il n'en eſt point de pareille, quoy qu'on dye, d'autant que c'eſt une portion de la celeſte conuenance, qui deſcend adonc en noz corps (leſquelz en ſont touſiours deſireux oultre meſure : et pour ceſte raiſon ſe paiſſent de la mōdaine, qui n'eſt fors umbre de l'autre) meſmes en ſentent une lyeſſe tant exceſſiue, qu'il ſemble a qui

la

la considere, qu'on n'en sçauroit tirer de semblable d'une chose terrienne & trāsitoire. Ie ne ueuil toutesfoys dire, mesdamoyselles, que l'harmonie soit terrestre : car elle s'accorde si bien auec noz ames, qu'aucuns philosophes ont uoulu affermer qu'elles ne sont rien qu'harmonie. Mais pour retourner a noz dames, lesquelles doublent leurs resonnāces en tant de manieres que i'ay dict : quel courage peult estre si triste, quel cueur si angoisseux, & quel pēsement si chargé de chagrins & ennuyz, qu'il ne se resiouysse en les oyant, ou pour le moins ne se reconforte & appaise? Quel homme aussi constitué entre tant de beatitudes, n'oubliroit ses destresses et oppressions? L'on lit aux œuures des poetes, que Orpheus passant atrauers les enfers, feit au moyen de la melodie de sa harpe entrelaisser au chien Cerberus les abbayz dont il auoit apris espouenter toux ceulx qui tenoient celle uoye : semblablement que les Furies supersederent leurs malices : & d'auantage que le Vautour de Tityus, le rocher de Sisyphus, les eaues fuyantes de Tantalus, la roue du peruers Ixion, & toutes les aut. es peines infernales entrelaisserent de tourmenter leurs damnez, chascune esprise de la doulceur tant admirable : ce qu'elles n'auoient oncques faict au parauāt. Laquelle fiction ne ueult signifier sinon que les sollicitudes humaines prouenantes necessairement auec le discours de ceste uie en plusieurs & diuerses manieres, cessent de molester les hommes, quand ilz estāt rauiz de la uoix de leurs dames, comme du son de la harpe d'Orpheus, entr'oublient & postposent leurs tristesses. Or combien ceste oubliance est bon remede a noz malheurs, & combien nous les en trouuons plus temperez & tolerables, celuy seul en peult faire iugemēt, qui l'a esprouué, ou espreuue. Sans point de doubte, il est aucunesfoys besoing de donner quelque allegeance aux douleurs, uoire de fonder entre le courage & les perturbatiōs aucun plaisir en lieu de muraille: car tout ainsi que le corps ne scauroit continuellement durer au labeur sans prendre le repos necessaire : ainsi l'esprit succumberoit aux melancholies, s'il n'estoit a la foys soulagé de quelque recreatiō. Voyla seigneur Perotino combien est pernicieuse l'oubliance dont uous auez tant harangué, concluāt qu'elle noye et abysme la memoire des seruans d'amour. Voyla comment elle est uenimeuse & a craindre. Voyla certes leur alloyne, & le breuuage dont ilz s'enyurent. Toutesfois comme i'ay desia dict en parlant des felicitez de la ueue, s'il aduient parfois (ainsi qu'il faict souuent) que les delectatiōs de l'ouye peruiennent aux oreilles des hommes non attainctz de

l'amytié

l'amytié des dames de qui ces resonnances sortent, il n'est a croire qu'elles passent le premier cerne, nõ plus que ceste eau pourroit courir par ce canal, si le iardinier de ceans n'y entroit aucunesfois pour le nettoyer des pierres, bastons, & autres ordures qui iournellement y peuuent tumber : car il s'en empliroit bien tost, de sorte que ces empeschemens diuertiroient son cours. Ainsi les oreilles qu'amour ne purge, ne peuuent receuoir les harmonies qui frappent souuent a leur porte. Mais qui ne scait que si la uoix de madame s'entendoit a ceste heure entre nous, qu'elle ne delecteroit a beaucoup pres personne de la troupe, tant que moy ? Autant en seroit il de uous mesdamoyselles, si le semblable aduenoit des loquences de uoz mariz : car nulle n'auroit si grand ioye d'entendre l'organe de celuy de sa compagne, comme elle pourroit auoir du sien propre. Parquoy passons oultre : & n'estimez qu'encores que ie uous aye conduictes par les delices de ces deux sentimens, ie uous ueuille pourtant mener parmy celles des autres troys, ueu que nous pourrions arriuer en passage, ou il me desplairoit uous auoir guydées. Mais Amour par sa grace uous y face escorte, luy qui scait tous les chemins par ou lon peruient aux plaisirs que nostre sensualité desire sur tous autres. Dictes moy, ie uous prie, quel conducteur pourriez uous prendre plus aymable & gracieux, que luy? A mon iugemët il n'en est point, consideré que c'est le maistre qui nous rend ces plaisirs autant sauoureux comme il est de doulce nature. Et si lon les prend a son desceu, ilz se treuuent fades, & de nulle saueur, côme l'eau toute platte. A ceste cause prenez le hardyment pour uostre guyde: & ie le suppliray de ma part qu'en recôpense de la peine que ie pren ce iourd'huy pour soustenir sa querele, son plaisir soit uous y côduire en perpetuelle felicite, uous faisant iouyr du biê sans lequel aucune feste n'est perfaictemët accomplye. Toutesfois uenez preallablement (s'il uous plaist) auec moy par cest autre sentier: et ie uous feray ueoir des choses que uous n'auez encores ueues. Ie dy que oultre les cinq sens naturelz qui seruent aux hommes raisonnables d'instrumens cômodes a entretenir le corps auec l'ame, il y a de superabôdance, nostre imaginatiue: laquelle pour estre entierement spirituelle, a plus d'excellence en soy seule, qu'ilz n'ont tous ensemble. Aussi les autres animaux n'en sont participans, ains seulement uoyët, escoutent, sentët, sauourent et attouchët, exercitât leurs sens interieurs: mais ilz n'ont conseil ne discours: ains pour dire a un brief mot, sont priuez du bien de la pensée, seulement concedé a nous

hommes,

hõmes, et qui par ſoy n'eſt moins a eſtimer que tout le reſte, non a raiſon qu'il nous eſt propre & naturel, & qu'en tous les cinq autres ſentimens nous participons auec les beſtes brutes: mais pource que ces creatures ne peuuent employer leurs ſens ſinon en choſes preſentes, encores en certains temps & lieux. Mais l'homme au moyen de ſon imaginatiue retourne (quand bon luy ſemble) au ſouuenir des choſes paſſees, ou entre en celles a uenir: & tout en un inſtãt diſcourt par les proches et loingtaines: tellement que ſoubz ce mot imaginatiue, lon peult dire qu'il ueoit, entend, odore, gouſte, & attouche: uoire faict et refaict en mille autres manieres tout ce a quoy les cinq ſens d'un hõme non ſeulement ne ſeroient ſuffiſans: mais qui plus eſt, ceulx de toutes les creatures humaines n'auroyẽt le moyen d'y attaindre. A quoy lon peult aſſez congnoiſtre, ſi lon y ueult prẽdre garde, qu'il s'approche plus des qualitez diuines, que des humaines. Ceſte imaginatiue doncques telle que ie la uous deſcry, s'exercitant par ſes parties, comme faict le bon laboureur parmy ſes champs bien cultiuez, paſſe puis apres iuſques au courage qui eſt ſien, & lequel au moyen de ce labeur produict des doulceurs infinies, d'autant plus a priſer que les corporelles, qu'elles ſont ennoblies de l'eſprit, trop plus excellent que n'eſt le corps. Or si cest esprit gist en sa prison, lent, paresseux, & plein de nonchallance, lon ne recueille aucune doulceur de ses moyssons: parquoy ie ne puis veoir qu'il ayt esté conioinct au corps sinon pource qu'il luy est necessaire, comme le sel est aux pourceaux, qui pourriroiēt incōtinēt sans son operation. Et certes il en prend ainsi aux hommes qui ne sont amoureux: car a qui n'ayme, toutes choses luy desplaisent: & qui est en ce mauuais train, il ne s'adōne a rien qui uaille: dont fault dire que l'esprit est endormy en sō corps. Mais d'un amoureux c'est tout le cōtraire, ueu que a tout hōme qui ayme, la chose qu'il desire, luy est agreable: & chascun pense uoluntiers a ce que luy touche plus pres du cueur. Par ainsi ie puis conclure que les doulceurs de la pensée sont seulement propres aux amoureux, & nō goustées des autres hommes. Toutesfois ie me garderay bien d'entreprendre a les specifier par le menu: car i'en uiēdroye aussi tost a bout, que de conter les estoilles du ciel. Mais ie uous pourray bien faire ueoir en partie queles elles sont, si uous uoulez considerer combien l'amāt a de plaisir d'estre rauy en moins de rien deuers sa dame, encores qu'il soit grandement esloigné de sa presence: & pouuoir contempler l'une apres l'autre toutes les belles particularitez de sa facture. Aussi combien il se delecte ěte en rememorant ſes bonnes meurs, & couſtumes louables, comme ſont modeſtie, gentilleſſe, prudence, uertu, magnanimité, & autres ſinguliers dons de grace. O ſeigneur Amour, uoz mains ſoiēt eternellement benyſtes par ma parole, dont il uous a pleu me paindre eſcrire & engrauer tant de belles choſes en mon ame, toutes concernātes les louëges de ma myeux aimée. Certainement ie puis bien dire que ſoubz l'impreſſion de ſon ſeul uiſage, ie porte une toile bien longue, hiſtoriée d'infiniz ſiens pourtraictz: & liz inceſſamment un liure plein de ſes paroles, accens, & propoz honneſtes: uoire, pour le faire court, recognois mille belles formes en moy de ſa ualeur inexplicable. Et autāt de fois que ie les contemple, autant de fois me ſont elles precieuſes & cheres: car ie ſens lors en moy une bōne partie de la uiue doulceur, laquelle i'ay autresfois gouſtée par la fruitiō des ueritables. Et encores que ces figures n'attiraſſent a elles ſi ſouuent ma penſee, ie ueoy ordinairement mille lieux et places qui m'en feroiēt rememorer, pource que ma dame y frequente, maintenant en l'un, tantoſt en l'autre, pour y prēdre ſa recreation. & ces lieux ne ſcauroiēt eſtre ſi toſt apperceuz de ma ueue, qu'incontinent ne me tūbe en leſprit, Madame fut icy un tel iour, La elle faiſoit telle choſe, En ceſtuy elle s'aſſeyt, Elle paſſa

par celuy la, et ie la regardoye de ceste place. Ainsi
pensant & fantasiant aucunesfois en moy seul, autresfois auec Amour, puis auec les campagnes, arbres & riuages qui la ueirent, ie m'en deuise &
contente. Mais pource qu'il me semble auoir ce
iourd'huy cognu que les uers mesurez plaisent a
chascune de uous plus que ne faict le parler ordinaire, ie uous ueuil encores faire entendre par ceste chanson (laquelle ceste contrée me tira n'agueres des entrailles) que certaines places m'ont excité
la memoire de ma dame, & me l'entendirent chã-
ter comme ie l'alloye ourdissant:

 S i le penser qui me greue,
 A insi qu'il est doulx en moy,
 S' exprimoit en ryme brieue,
 M on cueur n'auroit tant d'esmoy
 D u fardeau qu'il a sur soy:
 E t celle qui ua derniere,
 I roit toute la premiere:
 P ourtant qu'Amour useroit
 D' une lyme plus trenchante
 S ur celle qui quand ie chante,
 A ma uoix s' amuseroit:
 D ont ie, qui des moindres suis
 O ysillons du boys ramage,
 D euiendroye un Cygne, & puis

A u ciel iroit mon plumage,
S i que mon nid tant aymé
E n seroit plus estimé.
　　Mais au poinct que ie fuz mis
E n ces flotz de mer mortelle:
L' astre auquel ie suis soubz mis,
N' auoit influence telle
Q ue peusse induire la belle
A condescendre a mon dict.
N ul aussi peult enuers elle
M e surmonter en credit:
D ont uoulant narrer mon bien,
L a doulceur tant me transporte,
Q ue ma langue n'y peult rien,
E t mon cueur peine en supporte,
T elle qu'onc neige au printemps
N e fondit plustost que faict
M on corps, & en transe attendz
C omme un qui doubte en effect
S' il est ou uif ou deffaict.
　　Trop est la loy rigoureuse
Q ui me faict dire en refrain
Q uele est ma uie amoureuse.
M ais qui me saysit au frein?
S i la main blanche & subtile
H ors du monde me distraict,

Qui me faict auoir le ſtile
Tant terreſtre,& peu diſcret?
Bien peuuent chaſteaux & tours
Perir,quand tout ſe termine:
Mais que ne cherche en mes iours
Appaiſer la grand famine
Du ieuſne qui trop me myne,
Cela n'aduiendra iamais,
Amour ie te le promectz:
Car trop fort me penetras
Lors qu'en ſes yeux tu rentras.
   Ce te ſeroit plus d'honneur,
Si i'auoye art & faconde
Pour deſcrire le bon heur
De la perle de ce monde,
Et que ma ioye cachée
Fuſt ouuerte a maintes gens
Par poeſie touchée
De uers triſteſſe allegeans,
Comme une lueur qui part
D'un miroer de glace bonne,
Et telle aux yeux ſe depart,
Comme l'obgect qu'on luy donne.
Puis que mon œuure uollaſt
De l'un iuſqu'a l'autre pole,
Et aux amans reuelaſt

Mon

Mon feu, que nul equipole:
De moy seroit grand parole.
　Et en pourroit aduenir
Que les maulx dont lon t'accuse,
Auroient au temps a uenir
Aucune couleur d'excuse:
Car diuerses gens diroient,
Loyale couple & iolye,
Doulx pensers uous retiroient
De toute melancholie.
Puis d'autres, Le plaisant las
Qui lya ces amans cy,
Nous donne espoir de soulas.
Mais s'il ne te plaist ainsi,
O roches qui sans cesser
Rendez amoureux accordz,
Depuis que ueistes passer
Ma dame en chef & en corps,
Escoutez ces miens recordz.
　Toy Fage qui mes plaisirs
En amy as peu scauoir,
Si les honnestes desirs
Ont force de t'esmouuoir,
Fais m'en l'apparence ueoir,
Et de ta seue procede
Vertu qui puisse pouruoir

Qu'une autre ne me possede:
Puis qu'un souhaict me succede
Entre tous les miens diuers
Que le uent mect a l'enuers.
Ainsi tousiours soit munie
Ta tige de rameaux uerdz,
Et en ton escorce unye
Viuent beaux & plaisans uers,
Ou soubz ton umbre se gise
Quelcun qui escriue ou lise.
   Tu apperceuz bien comment
Ces deux luysantes estoilles
Decoroient le firmament:
Et ses cheueux d'or sans uoyles
Rendans odeur precieuse,
Emplissoient l'herbe de fleurs,
Puis que sa uoix gracieuse
Mouuoit les Nymphes a pleurs,
Et que ce mont grand & hault
Laissoit ses arbres descendre:
Mesmes qu'en faisant maint sault
Les bestes s'y uenoient rendre:
Aussi qu'oysillons poliz
Planoient en l'air sus les aelles
En mouuemens bien ioliz,
Oyant la belle des belles

Dire

D ire choses non mortelles.
  O riuages uerdoyans,
E aux claires & argentines,
B eaux champs fleuriz undoians,
E t boys seruans de courtines,
Q ui scauroit iamais nombrer
T outes ses perfections
S ans la pensée encombrer
D u doulx feu d'affections?
O u qui peult representer
S on port & son œuil cuysant,
Q ui faict ma nuyct absenter
C omme un soleil reluysant?
C ertes sa lumiere insigne
M e faict auoir en despris
L e sort: & la uoye enseigne
D u ciel a tous mes espritz
D e sa bonne grace espris.
  Quand ueistes uous en un lieu
A utant de formes exquises
D onnées du puissant dieu,
E t autres par temps acquises?
  Quand senteistes uous aussi
L' ardeur d'un regard si doulx?
C ar tousiours ne dort icy
A mour, mais s'exerce en uous.

O

Qui m'enseignera les pas
Que les piedz mignons formerent?
Et l'herbette inclinant bas,
Sur quoy les mains se fermerent,
Qui ont tressé le las fort
Duquel yssir ne procure,
Bien qu'il me fait tel effort,
Que i'en meurs: mais ie n'ay cure
D'autre ayde, & ne m'en rencure.

 O peuple a qui ce torrent
Le pied mol & tortu baigne,
Et qui sur main droicte prend
L'alpe horrible, non brehaigne,
Auec toy & les pasteurs
De ce mont, ie me souhaicte,
N'oubliant les protecteurs
De ce boys, qui tant me haicte.
Iour & nuyct couuertement
Chercherois secours possible,
Adorant deuotement
Le ciel serein & paisible,
En siege sombre & ioyeux
Donnant aux maulx allegeance,
Baisant l'herbette en ces lieux,
Et faisant belle uengeance
Des souspirs de faulse engeance.

Chanson

Chanson tu n'appaises point
M on feu:mais ie te pardonne,
P ourueu que ne sailles point
D es boys,ausquelz ie te donne
A insi que ma muse ordonne.

Encores n'est ce pas assez,mes damoyselles,de dire que les lieux ou noz dames ont frequenté,ou ceulx qui coustumierement sont fideles gardiens & bons rédeurs de leurs personnes,nous rafraischissent les memoires:car en toutes places ou nous aurons contemplé leurs figures,il se treuue des choses qui les representent a noz espritz,si bien que la similitude apporte un souuenir merueilleusement doulx & sauoureux.Et pour tesmoigner de moy mesme,aussi bien que le seigneur Perotino a faict de soy:ie uous asseure,si ie me trouue(comme il m'aduient souuët) en quelque chemin passãt ou solitaire,que ma ueue ne scauroit apperceuoir aucun riuage de fleuue, riuiere,fontaine,apparence de forest, destour de mõtagne,tapiz d'herbe fraische, umbrage tranquille & secret,ou autre cachette esquartée, qu'incontinent ce mot ne me uienne a la bouche, Pleust a dieu que madame feust icy auec moy: et si parmy ces solitudes elle ne se tenoit asseurée de ma persõne,ains desiroit plus de cõpagnie:qu'amour fust au meillieu de nous.Ainsi tournãt mon affection a elle,& puis

o ij

incontinent a moy, ie suis bien longue espace en ioye incomprehensible, faisant des discours lõgs et delicieux a merueilles. Mais si par le declinemẽt du soleil, l'umbre de la terre uient a obfusquer la couleur des choses, tellement que i'en perde cognoissance: ie lieue les yeux deuers les estoilles, et me prens a dire tout bas: O dieu, si ces creatures sont gouuernantes des destinées mondaines, ou peult estre a ceste heure celle qui m'inclina en mes amours? Puis si ie contemple la lune, & tiens mon regard fiché en sa froideur argentine, soudain faiz ceste question, Qui scait si madame se delecte presentement en la ueue de ce planete aussi biẽ que moy? Certes i'estime, s'il est ainsi, qu'elle a memoire de son seruiteur, et parauanture dict en son cueur: O claire Lune & gracieuse, en quelque lieu que soit maintenant Gismondo mon seigneur, il peult auoir dressé ses yeux en toy: et si cela estoit, noz lumieres & noz courages se uiennent a rencontrer en ton corps. Et apres rentrant en l'imagination de celle mienne dame tãtost par une uoye, & tãtost par une autre, calculãt tousiours le progres de noz amours, ie demeure plus en elle, que ne faiz en moy mesme. Mais de quoy me sert uous dire que la pensée amoureuse reueille tous cueurs en regions loingtaines? Il ne scauroit certes passer par les rues de nostre uille aucune
belle

belle dame pardeuant mes yeux, que sans tarder mon courage ne s'adresse aux singularitez de la mienne. Semblablement ie ne ueoy iamais aucun ieune homme aller pensif & contant ses pas, que ie n'estime, Cestuy la parauanture pense maintenant a sa dame. & ceste cogitation me faict promptement tumber en doulx souuenir de ma maistresse. Aussi quand pour prendre le fraiz, i'entre aucunesfois en quelcune de noz barquettes ou nasselles, esloignant les tumultes de la cité, ie ne sçauroye approcher une seule riue qu'il ne me semble y ueoir ma dame se promener, & chanter au son des undes enrouees, recueillant puerilement des petites coquilles marines. Infinies doncques sont, mes damoyselles, oultre les dessus narrées, les uoyes par lesquelles doulx penser peult enuoyer a noz courages les souuenances & recors des delectations ia faillies, uoire sans point mentir, telles, & en tel nombre, que nous uoulons: car il n'y a ne pont ne porte q̃ luy puisse estre fermée: et si n'y a ciel fouldroiãt, mer esmue, ne rocher soubz unde, qui le puisse diuertir de son entreprise. Aussi Amour luy preste ses aelles, a qui nulle chose peult resister: & au moyen d'icelles, quand bon luy semble, il penetre iusques aux futures, aussi bien qu'il peult a son gré retourner aux passees. Et nonobstãt que ces ioyes a uenir,

O iij

pour estre incertaines, soyent en leur qualite inferieures aux precedentes: si est ce que quand une seule idee de la ioye tele qu'elle a esté, retourne en nostre memoire, & nous fait penser quele pourra estre la fruition du bien a uenir: mille manieres possibles se presentent a la fantasie, chascune singulierement agreable par soy mesme. Ainsi noz lyesses auant qu'elles aduiennent, & apres qu'elles sont expirees, delectent nostre imaginatiue au moyen de leur diuersité: & nous sont tousiours assistentes en toutes places, & saisons: chose que lon dict estre seulement conuenable a la felicité des dieux. Pour retourner doncques un petit en arriere par ceste uoye tant recreatiue, qui nous a conduictz iusques a ce poinct: puis que chascun de ces troys plaisirs dessus narrez nous peult separement donner tant de soulas comme il est dict: combien peult on estimer qu'ilz en donnent quand ilz sont tous uniz ensemble? O damoyselles uertueuses, sachez qu'il n'y a confiture en ce monde autant delectable que cela: car leurs suauitez sont teles, & en si grand multitude, qu'elles se peuuent malaysement conceuoir en nostre fantasie: tant s'en fault qu'elles se puissent exprimer de paroles. Mais a cause que hyer sur les passions de la misere que le seigneur Perotino estimoit estre

amour,

amour, il alla uagant sans tenir ordre, atrauers
leurs destroictz & sentiers, & y consomma de
bonnes heures: il me semble que le discourir en
ceste felicité, que ie scay estre amour, & en quoy
nous sommes ia entrez bien auant, ne sera fas-
cheux ny moleste. Toutesfois si en ce discours il aduenoit que les ioyes des autres sentimens que i'a-
uoye proposé de taire, se presentassent & ramen-
teussent, afin qu'elles ne se puissent plaindre, &
qu'elles ne determinent parcy apres de nous aban-
dōner du tout, comme aurions faict a elles: laquelle
chose dieu ne ueuille permettre, pource que de mon
coste ie seroye en trop mauuais party: nous pour-
rons faire en les traictant ainsi que faisons a la table de la Royne: en laquelle estant deuant nous assiz plusieurs metz de bonnes uiandes, prenons nostre refection d'une ou de deux, selon qu'elles sont
a nostre appetit : & neantmoins pour honorer le
festin, tastons aucunement des autres. Ainsi puis
que nous auons ia passé par les pastiz des deux
sentimens premiers, & d'auantage auons contenté
nostre desir des doulceurs de la pensée: quand les
suauitez de ces autres sentimens se uiendront presenter a leur tour, nous gousterons un petit de
leur saueur : puis les laisserons aller a leur bonne auanture. Ce nonobstant i'oze bien dire que

O iiij

aux banquetz d'amour ie ne sceu oncques estre si sage que ie me peusse temperer en la sorte que ie propose, & comme ie faiz ordinairement en tous autres festins. Et si ne vouldroye conseiller a nostre nouueau marié, que quand Amour luy mettra deuant les uiandes de sa derniere table, dont il n'a encores esté refectionné, que se contentant de celles qu'il a desia goustées, il en face sans plus essay, puis les laisse esloigner de sa presence: car il s'en pourroit repentir. Ie ne scay quant a uous mesdamoyselles quel conseil uouldriez donner a la nouuelle mariée. Mais pour rentrer en noz doulceurs, ie dy que comme lon congnoist quele est la beaute de iour, par considerer diligemment queles & combien sont fascheuses les incommoditez de la nuyct: ainsi quand nous mettrons un peu de peine a esplucher quele est la uie de ceulx qui n'ayment point, par auanture les plaisirs amoureux se rédront plus apparens & manifestes. Premierement ces hommes destituez d'amour, ne font iamais estime de leurs personnes, comme ne uoulans plaire a creature uiuāte. Iamais ne taschēt a s'adresser en actes d'agilité & de force, ny en ciuilité requise: ains s'en uōt la pluspart du téps a l'estourdy, sans pigner ne cheueux ny barbe, et sans tenir leurs dentz blāches et nettes: mesmes ont les piedz et les mains pleins de

crasse

crasse, comme si ces parties leur estoiēt inutiles & friuoles. D'auantage ilz s'accoustrēt de lourde mode, & resident en maisons tristes, & mal bastyes, ou n'y a famille, cheual, batteau, iardin, ny autre chose que ce soit, que tout ne semble estre en deuil & misere, comme leurs maistres. Ilz n'ont aussi point d'amitiez. Ilz n'ont aucunes compagnies. Ilz ne sont secouruz d'autruy, et ne font secours a personne. Voire ne recoiuent fruict des hommes, ne des substances, & n'en departent aux autres uiuans, non plus qu'ilz s'en scauēt ayder. Ilz euitēt les festes, & ioyeuses assemblées. Ilz fuyent festins & banquetz. Mais si quelque fois ilz s'y treuuēt par une cōtraincte, ou que leur malēcontre les y meine, ilz n'y ont une seule grace, soit en parler, soit en accueil, soit a gaudir, soit a iouer. brief ilz n'ont partie de corps ne d'ame qui ne se sente du uilain. Il ne leur souuient de prose, ny de uers: mais uoyēt, escoutent, & pensent toutes choses a une mode. Et tout ainsi qu'ilz uiuent extérieurement, ainsi uict leur ame en leurs corps, pleine de confusion & lourderie. Parquoy si uous ueniez a leur demander combien ilz sentent iour par iour de satisfactiō en leur uiure: ce seroit pour les estonner grandement: & responderoient que uous auez bon temps: ueu que iamais en leur uie ilz ne sentirent qu'ennuyz, tra-

uaux & mescontentemens. Mais si uous adressiez aux amoureux, ilz respondroient en autre sorte, et diroiēt, de quoy nous interroguez uous mesdamoyselles? Noz cōquestes et doulceurs sont en tel nombre, que lon ne les scauroit estimer: car en l'instant qu'amour nous frappe d'un traict d'œuil de quelque belle creature, nostre ame, qui iusques alors a esté cōme assopye, uenāt a estre stimulée d'un plaisir non accoustumé, se reueille cōme en sursaut: puis en ce reueil sēt exciter un pēser en soy: lequel tournoyant enuiron l'idee de la dame agreable, allume grande affection de luy complaire: & cela est auec le temps une source de biens & delices sans mesure. C'est aussi chose monstrueuse d'examiner quele force ont les premiers mouuemens de ce desir: car ilz n'emplissent seulement de chaleur doulce & temperee toutes les ueines & arteres de la personne, & n'occupent toute l'ame en superabondante lyesse: ains embrazant noz espritz comparables sans amour a lumieres estainctes, de grosses pieces de chair, que pouuions estre, ilz nous transmuēt en hōmes expertz & decorez de gentillesse: comme ainsi soit que pour plaire a noz dames, & meriter leur bōne grace, nous cherchōs d'acquerir les parties que sentons plus prisées en certains autres ieunes hommes: afin que soyons par tel moyen myeux
receuz.

receuz & celebrez en bonnes cõpagnies. dont aduient souuentesfois qu'en peu de temps laissons les inciuilitez premieres, et de iour en iour, ou d'heure en heure nous reuestons de coustumes louables: l'un s'adonnãt aux armes, l'autre a la magnificẽce, l'autre a faire la court a Roys ou grans seigneurs, desquelz il cherche la faueur: & l'autre a la uie politique, maniãt les affaires de son pays, tous ensemble passant en operatiõs uertueuses le tẽps qui leur est presté en ce mõde: telemẽt qu'aucun se rengeãt a l'estude de bonnes lettres, ou a lire diligemmẽt les histoires des antiques, deuiendra meilleur, & plus industrieux par sa lecture, & se fera (peult estre) semblable a ceulx qu'il aura proposé imiter. Ou s'il se meĉt au champ spacieux de uenerable philosophie, lon le uerra croistre a ueue d'oeuil tãt en doctrine que bonte, comme un arbre fait au printẽps. Ou s'il entre dedans le pré fleury de poesie, maintenant chantant uers d'une sorte, & tãtost d'une autre, il fera pour sa dame un chapellet de fleurs biẽ suaues & odorantes. Mais entre cent amoureux, il s'en pourra bien trouuer un, qui pour estre sollicité d'amour illustre, ou se sentir garny d'entendement plus capable que les uulgaires, embrassera plusieurs uertuz et coustumes requises, cõme sont armes, lettres, industries, et autres perfectiõs biẽ estimées toutes enfemble, et chafcune par foy: dont reueftu de mille couleurs differentes apparoiftra aux regardans cõme un bel arc en ciel. En cefte maniere, & pendant que ces amoureux s'efforcent chafcun en fon endroict fe rendre bien uouluz de leurs dames, ilz fe font eftimer entre les hommes, & acquierent une reputation parauanture plus durable que maintes gens ne peuuent coniecturer : ou s'ilz n'euffent efté picquez des efperons d'amour, peult eftre n'en feroit nouuelle, & pour en parler plus a la uerité, n'auroient congnoiffance d'eulx mefmes. Ainfi donc ce que batture de maiftres, menaffes de parens, promeffes, dons, labeur continuel, fubtiliatiõ ou dexterité d'artifice, n'a peu faire en un cueur groffier, amour le faict fouuentesfois facilement, et a peu de peine: qui font fruictz entre ceulx que ce dieu nous dõne: lefquelz abõdent fans mefure, et fe rẽdent plus fauoureux et admirables qu'on ne cuyde: car comme toutes les occupations des uiuans ne font femblables en leurs actes, ainfi les recompenfes de noz labeurs ne font toutes a une mode, mais diuerfes & infinies. Il en eft certes aucunes couples qui n'ayment fors l'honnefteté pure & fimple l'un de l'autre: & leur uient tãt de contentemẽt a chafcune fois qu'ilz contemplent la haulteffe de leurs defirs, qu'on ne le fcauroit defchifrer, finõ celuy qui

en

en a faict experience. Aucuns plus eschauffez de la flamme amoureuse, bannyssent tout refuz de leurs amours, tellement que ce que l'un ueult, l'autre l'accorde par aussi bonne affection que la requeste a esté faicte. Et en ceste maniere deux ames guydees d'un seul filet, suyuēt la uoye pour arriuer heureusement a toute delectation possible. Certains autres aussi constituez entre ces deux lyesses, estimēt par fois l'honneste refuz qui leur est faict: puis pourchassent les loyers de leurs seruices: tellement que par mesler l'aigreur de l'un auec la suauité de l'autre, ilz en font une uiāde si delicate, que leurs ames ne s'estonnent d'aucun autre metz qu'elles uoyent, & si ne leur en prend enuie. Asseurement, mes damoyselles, toute ieune pucelle uergōgneuse et craintiue prēd un plaisir incōparable en son cueur, quād elle uoit passer et repasser son amy deuant sa porte, et qu'il la salue amoureusemēt. Aussi le ieune hō me est heureux participant d'une ioye plus que terrienne, s'il recoit quelque lettre de sa dame, escripte de la main propre qu'il n'a point encores touchée: car il cognoist sur le papier non moins le cueur & le uisage, qu'il faict la signification des characteres, & l'expression de paroles. Vn autre est plongé dans le lac de doulceur profonde, quand il entend dix ou douze paroles tremblātes sortir de la bouche de sa perfaicte amye. Mais ceulx arriuent au comble des desirs humains, qui en la force de leurs flāmes ont le ciel tant fauorable, qu'il leur ottroye pour espouses les dames a qui des la ieunesse ilz ont porté loyalle affection, continuant en leur seruice. A mō iugemēt c'est la meilleure fortune qui scauroit aduenir en ce monde. Quelques autres couples aussi apres auoir passé les plus chauldes annees de leur aage en regardz & refuz estranges, l'un a escrire, l'autre a lire, chascun pretendant rendre la renommée de soy perpetuelle, uoyant qu'il a neigé sur leurs mōtagnes, & que la froydure yuernale a osté toute souspecon des choses illicites, s'assyēt par fois l'un pres de l'autre, et deuisent en plaisir asseuré de leurs ardeurs du temps iadis: en quoy doulcement passent le reste de leurs uies: & sont de plus en plus satisfaictz d'auoir ainsi employé leur saison. Mais pourquoy allons nous racontant les delices & auantures de tant de couples amoureuses, puis que de chascune en particulier lon en pourroit ourdir une longue histoire? Ie uous supply, reuenons a penser quel contentement ce peult estre de ueoir le frōt de sa mieux aymée, dedans lequel tous les pēsemens du cueur nudz & simples uont courāt & s'esbatant a mesure qu'ilz naissent et resuscitent en luy? Quel autre grand plaisir est ce de contempler

les

les corailz & les perles, plus estimées que tous les tresors d'orient, par especial quand il en sort les paroles, qui sont receues si uoluntiers de l'ame curieuse? Quele autre doulceur est ce aussi de faire en regardant un silence plus doulx que mille parlers, et toutesfois exprimer auec les yeux de l'esprit certaines choses, qu'autre qu'amour ne peult entendre: tant s'en fault qu'on les sceust dicter? Finablement, mesdamoyselles, quele suauité pensez uous que ce soit de s'entretenir par les mains, & sentir tout au long de la poictrine une lyesse enrosant le cueur & les ueines comme si c'estoit un fleuue de manne tiede & celeste? Ie taiz les autres ioyeusetez inexplicables, qui touchent les cueurs au uif: mais puis que nostre humanité est subgecte a nature, & que sommes uenuz au monde par le moyen de uolupte, ie dy que c'est une chose doulce, & non reprouuable, que d'accorder a son uouloir, et que deuons sans resistence faire princesse de nostre uie, celle que les antiques preposerent a leurs scenes. Quel côtentement d'auantage cuydez uous qu'il y ait, quele satisfaction, & allegeance de courage, a deuiser priuemēt auec sa dame de negoces, accidēs, auantures, malheurs, oultrages ou plaisirs, en tele et aussi grāde asseurāce que l'homme ozeroit raizōner aparsoy? Est il riē du mōde si doulx, que ne cacher un seul secret a l'ame compagne de la sienne, & scauoir certainement qu'elle aussi ne luy cele aucune chose ? O que c'est une œuure delectable de communiquer parensemble toutes ses esperances et desirs, uoire n'euiter charge ny peril pour le soulagement de sa partie, non plus que lon feroit pour soymesme, ains supporter doulcemēt et de bon uisage tout mal et tout biē, iusques a uiure ou mourir l'un pour l'autre. Cela fait sans point de doubte que les choses prosperes se rendent plus agreables, & les sinistres moins offensiues, pour autant que la delectation des bonnes croist & augmente a grād force quand lon sent qu'elles plaisent a qui lon porte affection. Et au contraire quand les tristesses sont egallement parties, elles perdent incontinent assez de leur premiere uiolence, & petit a petit s'esuanouyssent comme neige au soleil, en confortant, conseillant & secourant l'un l'autre : ou pour le moins elles sont tant umbragées de nouueaux plaisirs, & si tresauāt mises au fleuue d'oubliāce auec les passees, qu'a peine peult on dire si elles ont esté, ou non. Les Musiciens disent, mes damoyselles, que quand deux Leuthz sont bien accordez d'un mesme ton: si lon ioue seulemēt sur l'un prochain de l'autre, que tous deux resonnent par mesme consonnance. Mais quelz Leuthz doncques o Amour, ou quelles Harpes

pes gracieuses se respondēt en aussi bonne harmonie, que font deux ames qui s'entr'aymēt? Certainement il ne fault pas dire qu'elles rendent une mesme prolation quand elles sont uoysines, & qu'un accident esmeut l'une: car elles en font autant longtaines & separées, si que n'estant plus fort esmues l'une que l'autre, elles gettent leur unison cōforme, & de grand melodie. Qu'il soit uray, l'amoureux absent pense uoluntiers a sa dame, & la ueoit, entend & attouche auec la force de son imaginatiue. aussi elle de son costé ne tourne iamais son courage a chose qui luy soit tant agreable que son amy. par ainsi sont bien asseurez que tout ce que l'un fait en pensée, l'autre le fait semblablemēt: qui nous doyt faire esmerueiller pourquoy Laodamia tenoit une emprainte de cire du pourtraict apres le naturel, de son amy Protesilaus. Voyla cōmēt, mesdamoyselles, nous trouuons tousiours presens et absens assez de recreations et lyesses, pource qu'encores qu'amour change de signes aussi bien que le Soleil: si est ce qu'il se monstre ordinairemēt clair et luysant a tous ses hommes. Et combien que parfois nous allions en pays diuers & estranges, si nous fait il part de ses biens en tous lieux, & en toutes places. Mesmes tout ainsi que la sante est tousiours utile & profitable, aussi est il tousiours plaisant a tous hommes

P.

& toutes femmes, soit en montagne, soit en plaine, soit en terre, soit en la mer, soit en portz, soit en forteresses, soit en fortunes bonnes & prosperes, ou en aduersitez piteuses. Il esgaye les pastoureaux dedans les cauernes champestres, & emmy leurs poures maisonnettes. Il reconforte dans les palais & soubz les toictz des chābres dorées les testes pēsiues des Roys & grans seigneurs. Il appaise les fascheries des iuges graues & senateurs. Il restore les trauaux des gens de guerre apres les combatz: & mesle auec les loix seueres, la doulce ordonnāce de nature. Puis souuētesfois au meillieu des crueles & sanglantes batailles apporte une paix pure & non assez louable. Il repaist les ieunes hommes, il soustient ceulx qui sont aagez, delectant les uns & les autres. Il fait la pluspart du temps ce qui semble si merueilleux, ascauoir soubz les uieilles escorces retourner la seue d'une ieune plante, & soubz les peaulx blondes & delicates faict naistre auant la saison mille pensemens chanuz. Il plaist aux bons, il contente les sages. Il est salutaire a eulx tous. Il dechasse les melācholies, il bānit les tristesses. Il oste les frayeurs nuysibles. Il appaise plaidz & procez. Il fait les nopces & les festes. Il augmēte le nombre des familles. Il enseigne a parler, il apprend a taire, & monstre toute courtoysie. Il

fait

fait les doulces departies, afin que les retours soyent agreables, & de plus uiue force. Id rend les demeures plaisantes, ueu qu'en pensant aux biens que lon possede, toutes les absences s'oublyent. Il fait user les iours en ioye, et en iceulx uoir souuentesfois deux Soleilz gracieux en lumiere. Mais de nuyct sont ses grans miracles: car nous n'y perdons tousiours la ueue de nostre soleil: & quand il est absconse, le songe gracieux ne fault point a rapporter les mesmes passetemps & delices, dōt sommes priuez en ueillant. Parainsi nous uoyons l'un l'autre, ainsi conferons nous ensemble, ainsi disons nous noz raisons, ainsi approchons nous noz ioues, comme font ceulx qui peruiennent a ce bien en quelque saison que ce soit. De iour en iour augmente noz lyesses. toutes les nuyctz auons des auantures: & iamais le recors des passées ne deffault pour celles qui suruiennēt: ains tout ainsi que belles neiges rechargées d'autres neiges fraisches, se conseruent en leur purité: ainsi les premiers soulas amoureux se maintiennent en plus grande faueur soubz la couuerture des derniers, & n'amoindrissent tant soit peu, ny les uieulx pour les nouueaux, ny ceulx de hyer pour ceulx du iourd'huy: mais cōme un nombre adiousté a un autre, rend la somme plus grande & multipliée, ainsi noz delectations

mises & conioinctes auec des autres, nous donnent plus de bien ensemble, qu'elles ne feroient chascune par soy. Toutesfois elles suffisent seules : mais elles croissent accompagnees: car la moindre du tout en fait mille : de chascune desquelles prouiennent autres mille en peu de temps. Et si elles sont attēdues, la ioye est grande qu'elles apportent a leur uenir. mais si elles uiennent sans attendre, ce sont auantures bien heureuses. Pareillement si elles sont faciles a auoir, pourtant ne laissent d'estre agreables: mais s'il y a quelque malayse, elles en sont plus precieuses, pource que les uictoires conquises a grand sueur & a grand force, rendent le triumphe plus excellent. Et posé qu'elles soiēt données, rauies, gagnées, guerdonnées, dictes, souspirées, pleurées, rōpues, puis reintegrées, premieres, secondes, faulses, urayes, lōgues, brieues, ou d'autres qualitez, toutes sont delectables merueilleusement: & pour le faire court, ainsi que durant le printemps les prez, les champs, les boys, les plaines, les montagnes & les uallees, mesmes les fleuues & estangz auec toutes choses qui se uoyent, sont plaisantes & gracieuses pour autant que la terre ryt, & aussi fait la Mer, le Ciel, auec les lumieres grandes et petites, dont toutes contrées sont remplies de chantz, de senteurs, de doulceurs, et de tēperatures en toutes parties: pa
reillement

reillement en amours ce qui eſt dict, ce qui eſt faict, ce que lon penſe, & qui ſe uoit: tout eſt plaiſant, recreatif & delectable: car toutes ames amoureuſes ſont pleines de ieux, de ſoulas, de plaiſirs, de reſiouyſſance, de bon encontre, de repos, de paix, & autres telles choſes diuines. Meſſire Giſmondo ne ſe pouoit ſaouler de dire: car il auoit le courage & les paroles a cōmandement pour traicter les louenges d'amour, qui le faiſoit parler ſans ceſſe. mais les haultz boys ſonnans en la ſale de la Royne, feirent entendre a ſa compagnie que le bal eſtoit cōmencé: parquoy ſemblant a unchaſcun eſtre tēps de ſe retirer: quand les gentilz hommes & damoyſelles furēt leuees de leur ſieges, il ſe print encores a leur dire: Parauanture meſdamoyſelles que les hōmes amoureux uous euſſent dict ces choſes, & pluſieurs autres, ſi uous leur euſſiez commandé ſpecifier quelz ſont leurs plaiſirs: car encores me reſte il une grāde partie de ma courſe, que ie ne puis paracheuer: mais meſſire Lauinello, qui ſera demain en ſon reng pour continuer ceſte matiere, dira pour moy ce que ie n'ay peu ce iourd'huy mener a fin cōme ie euſſe bien uoulu, ie ne dy pas comme i'euſſe peu, ſachant que ne ſuis aſſez ſuffiſant ny mectable pour ce faire. Adonc madamoyſelle Berenice qui ia tiroit uers le palais auec les autres, luy deit:

P iij

Certes meßire Gismondo nous sommes bien contentes de uostre discours, soit qu'ayez assez dict, ou non: & uoulons que la iournée de demain soit reseruée au seigneur Lauinello. Mais si lon ne le cognoissoit plus temperé en ses paroles, que n'auez esté ce iourd'huy, ie ne scay de ma part si i'y reuiēdroye. A quoy Gismondo repliqua.

Qu'ay ie dōc dict ma damoyselle? ay ie inuēté chose qui ne se face? Non, ce croy ie: mais assez moins. parquoy seigneur Lauinello puis que i'ay tant offensé ces damoyselles, ie uous conseille, si uous desirez leur plaire, que parlez de ce qui ne se faict. Et sur ce poinct le gentilhōme se uoulant excuser, alleguāt a ces fins que c'estoit assez parlé de cest Amour, taschoit a se demettre de tele charge, mesmement pource qu'il estoit malaisé apres deux opinions tant apparentes, diuerses, & abondamment soustenues par ses deux compagnons, d'y suradiouster quelque chose, & quasi en donner sentence. Mais ce n'estoit que tēps perdu, pource que les damoyselles uouloiēt a toute force qu'il parlast, afin qu'elles feußēt satisfaictes d'auoir ouy une fois en leur uie discourir l'un apres l'autre, tous ces trois gentilz hommes, qu'elles auoient tousiours grandement estimez en leurs pensées. Toutesfois quand leur plaisir eust esté de le laisser en paix, meßire Gismondo ne s'y feust facilement

cilement accordé: car il disoit.

Seigneur Lauinello, promettez nous presentement que uous accomplirez uostre promesse : ou ie uous feray des ce soir adiourner pardeuant la Royne, puis que i'ay conclu en moy mesme d'entendre si les cōuentions qui se font en sa court, se doyuent rōpre en ceste maniere: & parauanture aduiendra ce que ne pensiez quand noz conuentions furent faictes : c'est qu'il uous conuiendra parler en presence de sa maieste.

A quoy le seigneur Lauinello feit responce : Lon ne tiēt point de plaidz durant ces nopces. tous proces sont pēduz au croc. Nonobstant ayāt quelque crainte de ce que luy pouoit aduenir, il promeit encor une fois de faire ce que bon leur sembleroit. Puis continuant ses paroles, la compagnie arriua en la sale: ou les damoyselles furent incontinent priées de danser, par certains autres gentilz hommes qui assistoient a ceste feste : & de faict furent mises au bal sans les laisser passer plus oultre: & les trois gentilz hommes de la petite bāde se mesleret̄ parmy les autres.

Fin du second Liure.

P iiij

TROYSIESME LIVRE DES AZOLAINS DE M. BEMBO.

ON ne sçauroit sans grand merueille cõsiderer combiẽ il est malaysé de trouuer la uerité des choses qui tũbent ordinairement en dispute, pource que quelque solution qu'il y ait, tousiours se peult engendrer aucun doubte en noz pensées: tellement qu'il n'y a partie pour doubteuse qu'elle soit, sur laquelle on ne puisse par uerisimilitudes alleguer le pour, & le contre: comme il s'est ueu en la dispute poursuyuie aux deux liures precedens par le seigneur Perotino, et messire Gismõdo: a raison que le monde ne fut iamais destitué de certains hommes ingenieux, qui se sont uantez de respondre a l'improueu de tout ce qu'on leur uouldroit demander: & s'en est trouué assez d'autres qui en toute contestation proposee ont soustenu tantost un party, & tantost le contraire. qui a donné parauanture occasion a quelques philosophes antiques de croyre que lon ne peult perfaictemẽt sçauoir la uerité des choses, & qu'on n'en doit determiner sinon par simple opinion. Mais combien que ceste creance fut en ce

temps

temps la regettée des bonnes escolles, & qu'elle, a mon aduis, ne treuue pour ceste heure gueres de defendeurs de bonne apparence: si est il demouré en l'estomach d'infiniz personnages une occulte & commune doleance cōtre la nature, de ce qu'elle tient ainsi cachee la pure intelligence des choses, uoire quasi couuerte & emmaillottée de mille mēsonges comme de mille langes, si bien qu'il y en a plusieurs qui desesperās de la pouuoir trouuer en aucune matiere disputable, ne la uont cherchant en rien qui soit: de sorte que regettant la coulpe sur icelle nature, ilz delaissent l'inquisition des choses, & uiuent seulement a l'auanture. Pareillement s'en treuue d'autres en plus grand nombre que ces primiers, toutesfois non tant reprehensibles, qui succumbans a la difficulté des propositions ambigues, croyent tout ce qu'on lour propose, & se laissent a chascune sentence transporter par les uagues de la parole, en maniere qu'ilz s'attachent a la premiere opinion qui se presente, comme quasi a un rocher: ou bien ilz en cherchent d'eulx mesmes legierement, & sans consideration: puis si tost qu'ilz ont trouué quelque apparence qui leur plaist, se contentent, & ne ueulent passer plus oultre. Quand aux premiers ia n'est besoing d'en faire lōg proces, pource qu'ilz semblent estre marriz d'auoir esté

creez hommes plustost que bestes brutes: comme ainsi soit que refusant celle partie qui s'esloigne de la sensualité,ilz priuēt le courage de sa fin,& despouillent leur propre uie de nostre plus grand ornement. Mais aux secondz on peult bien dire qu'il ne se fault pas laisser si tost aller, ny cōmettre si facilemēt la foy au peril des erreurs d'autruy, pource qu'on ueoit plusieurs personnages incitez de quelque affection particuliere: et d'autres quasi forcez par l'institution de leur uie,ou discipline des estudes par eulx suyuiz,qui se mettent a disputer ou escrire d'aucunes matieres a leur fantasie,biē qu'ilz sachent le contraire de ce qu'ilz dyent. D'auantage leur fault remonstrer qu'il aduiēt souuentesfois,& ne scait on dire comment,qu'en parlant ou escriuāt de quelque subgect, la suasion de ce qu'on traicte, entre petit a petit furtiuement dans les courages,en sorte qu'elle les attraict a son party. parquoy s'il se treuuēt insuffisans a chercher la uerité, cōme sans point de doute ilz sont,puis qu'ilz y uont ainsi legierement,& s'attachent a la premiere chose par eulx trouuée,cela ne suffit pour nettoyer leur coulpe:et ne fault croyre si soudain ce que leur est proposé par ceulx qui ont cherché deuāt eulx,a cause qu'ilz se sont peu abuzer, mesmes qu'il ne fault aussi tant inconsideremēt s'arrester a noz opinions
particulieres

particulieres, ueu que pouuons faillir auſsi bien que les autres, pour eſtre le iugement humain debile et ayſé a deceuoir, tant qu'il eſchet en peu de choſes qu'une premiere apprehéſion puiſſe eſtre ſaine & ualable, ſi preallablement n'eſt conſiderée, & par longues diſputes diligemment examinée. Si doncques l'obſcurciſſement de la uerité, qui naturellement ſemble eſtre en toutes choſes, ſe ſuradiouſte a la foybleſſe de noz iugemens: ces inquiſiteurs tant muables peuuẽt aſſez apperceuoir qu'il n'y a autre difference entre eulx, & ceulx qui n'enquierent de rien, qu'il y peult auoir entre un marinier lequel eſtant aſſailly de uent contraire pres l'entrée de noſtre port dangereux & difficile a emboucher, & n'ayant eſpoir de le prendre, abandonne ſon gouuernail, & ſe met a la mercy des undes & de la fortune, ſans pourchaſſer ny port ny riue: & celuy qui en eſperance d'y pouuoir arriuer, ſe ua getter ſur le ſable ſans prẽdre garde aux pieux ou merques enſeignans l'embouchement du haure. Veritablement toutes perſonnes qui me daigneront eſcouter, ne ferõt iamais telle faulte: ains tãt plus uerrõt l'obſcurite grande en aucunes choſes, & leur iugemẽt debile, ou auront la ueue de l'eſprit mal penetrante, et peu ſubtile, moins croyront aux perſuaſions des diſputãs, ſans les auoir meuremẽt cõſiderées. Dauãtage apres auoir enquis sur quelque doubte, tout ce q̃ bon leur aura semblé, ia ne seront du premier coup satisfaictz en leurs pensées pour auoir cherché un petit: & ne se fonderont a la uollee sur ce qui se sera tant promptement offert, combien qu'il leur semble suffisant & peremptoire: ains estimeront que cherchãt d'auãtage, ilz pourront trouuer chose qui les côtẽtera de mieux en mieux, aussi biẽ qu'ilz ont faict celle qui s'est la premiere presentée. Au moyen de quoy iamais n'auront a se douloir de nature, cõme ces premiers Epicuristes, disant qu'elle n'a daigné mettre en euidence la uerite des choses cognoissables, ainsi qu'elle a faict l'or, l'argent, & les pierres precieuses, nonobstant qu'elles soyent enseuelies dans les entrailles de la terre, entre les ueines des montz sauuages, soubz le sable des fleuues impetueux, & au profond de la mer creuse, comme en ses parties plus secretes. Or si elle a expres caché ces embellissemens friuoles de nostre partie caduque & mortelle, que deuoit elle faire de la uerite? laquelle n'est sans plus decoration de nostre uie, ains lumiere, guyde, & refuge du courage, moderatrice des uains desirs, dissipatrice des ioyes abusiues, & expugnatrice de toutes peurs inutiles: mais qui plus est, productrice de bon repos a noz pensees battues de douleurs: uoire pour conclure en un mot, ennemye capitale de tout nostre mal & misere. Les choses, certes, qui se peuuent facilement acquerir de tous hommes, sont uiles, & quasi de nul pris enuers chascun: mais les rares & malaysees sont cheres, & de fort grand estime. Ie pense bien (a mon aduis) que plusieurs me donneront uitupere de ce que ie conuie les dames & damoyselles a l'inquisition de ceste uerite: & diront qu'il estoit plus raisonnable les laisser en leurs offices de mesnage, que les mener en la queste des choses de tele importance. Toutesfois ie ne me soucye aucunement de leur dire: car s'ilz ne ueulent du tout nyer que l'ame raisonnable a esté donnée par le createur aux femmes aussi bien qu'aux hommes: ie ne scay pourquoy il ne leur sera autant loysible côme a nous, de chercher ce qu'elles doyuent suyure, & fuyr ce qui est mauuais, principalement en ces questions qui sont parauanture le blanc en la butte de toutes noz speculations & ouurages, & enuiron lesquelles toutes sciences tournent & se meuuent, comme la roue a l'entour de son moyeu. Si doncques dames & damoyselles ne s'employent totalement aux exercices qui leur sont propres & conuenables, ains passent une partie de leur loysir a l'estude des bonnes lettres: il ne fault prendre garde a ce qu'en pourront dire ces repreneurs tant seueres, pource que le monde congnoiſtra cy apres quele commodité ou incommodité ce peult eſtre: et a mon iugement donnera louenge a celles qui aurõt ſuyuy la meilleure partie. Mais eſcoutons a ceſte heure les raiſons du ſeigneur Lauinello, qui furent pour la troyſieſme iournée dictes en plus grande aßiſtence que celles de ſes compagnons.

Il fault entendre que le iour precedent les troys damoyſelles furent cherchees par leurs cõpagnes: qui ayant ſceu qu'elles eſtoient au iardin, & l'occaſion qui les y auoit menées, feirẽt tãt que de bouche en bouche cela peruint iuſques aux oreilles de la Royne: laquelle entendant ceſte nouuelle, meſmes que ceſte compagnie traictoit de choſes belles & recreatiues, toutesfois ne ſcauoit au uray de quel ſubgect, pource qu'on ne l'en auoit encores ſceu biẽ informer, elle meue de la reputation commune que ces troys gentilz hommes auoient d'eſtre eloquẽtz & remplizde bonne doctrine, delibera uouloir entendre quelz auoient eſté leurs diſcours. parquoy des ce ſoir apres ſouper ne reſtant plus que dire ſon plaiſir pour eſtre executé de toute l'aſſemblée, uoyãt q̃ madamoyſelle Berenice eſtoit des plus prochaines de ſa perſonne, elle luy adreſſa ſon uiſage et ſes paroles, faiſant ceſte gracieuſe demande:

Que uous a ſemblé ces iours paſſez de noſtre
iardin,

iardin, madamoyselle? Que nous en scauriez uous bien dire? Certes nous auons entendu que uous & uostre compagnie y auez esté par loysir. A quoy la damoyselle qui s'estoit leuée, apres reuerence conuenable respondit:

Il m'a semblé, ma dame, qu'il est beau le possible, et tel qu'il appartiët a uostre maieste. puis specifiãt par le menu ce qu'elle en pouoit exprimer, et appellãt souuëtesfois en tesmoignage ses cõpagnes Lisa et Sabinette, qui n'estoiët gueres loing d'elle, tant feit uenir d'enuie de le ueoir aux autres dames escoutã tes qui n'y auoiët encores esté, qu'une heure leur du roit cët, q̃ la Royne se leuast, pour y pouoir encores ce soir aller a l'esbat, et le uisiter au peu de iour q̃ restoit: consideré q̃ le soleil declinoit fort deuers le destroict de Marroc, pour se abscõser. Dõt la Royne s'apperceuãt, si tost que madamoyselle Berenice eut acheué son propos, se print a parler ainsi:

Ie uous asseure qu'il nous donne assez de plaisir: & pource qu'il y a lõg temps que ie n'y entray, aussi que ces dames prendroient uoluntiers un peu d'air: ie ueuil bien que nous y allons maintenãt a la fraischeur. Et a ce mot s'estant leuée, apres auoir pris madamoyselle Berenice par la main: elle descẽdit les degrez auec sa suyte: et s'en entra en ce iardin, laissant aller plusieurs d'entr'elles ou bon leur sembloit pour prédre recreation. puis s'eſtãt aſſize contre une des feneſtres de la treille dominante a tout ce quarré du iardin, commēcea ſon propos en ceſte ſorte:

Vous auez conté beaucoup de ſingularitez de ce iardin, que ie ſcauoye auſſi bien comme uous: & les auez faict plus grãdes qu'elles ne ſont: mais des propoz que uous y auez tenuz, & que nous auõs entendu eſtre ſi plaiſans & delectables, uous ne nous en auez rien dict: pour le moins faictes nous en part: et ce nous ſera choſe grandemēt agreable.

Adonc la damoyſelle ne luy pouuant refuſer ceſte requeſte, apres auoir donné pluſieurs louenges aux troys gentilz hommes, & s'eſtre modeſtemēt excuſée qu'elle ne ſcauroit repeter toutes les particularitez de leurs propoz, non ſeulement les rememorer en ſoy meſme, & qu'elle n'eſtoit ſuffiſante de les raconter a ſa maieſte: ueint a dire comme la ſuperintendence auoit eſté au commencement donnée a meſſire Giſmõdo, et l'occaſion pourquoy. puis recueillit en brief tous les poinctz principaulx du ſeigneur Perotino, enſemble ceulx de Giſmondo: & en feit un petit narré au mieux & plus ſuccinctement qu'il luy fut poſſible, ayant touſiours regard a ce qu'elle les expoſoit comme damoyſelle a une ſi haulte dame que la Royne. laquelle apres

auoir

auoir entendu ce sommaire, et luy semblant que c'estoit l'umbre ou ordonnance d'une painčture belle & recreatiue, sachant aussi que le seigneur Lauinello estoit en son tour de dire le iour ensuyuant, elle se determina de le uouloir ouyr, & honnorer de sa presence ceste gentille compagnie: & de faict signifia qu'elle s'y trouueroit. de quoy la damoyselle fut bien ayse, sachant que si la Royne y assistoit, sa maieste osteroit toutes occasions de souspeconner ou dire choses moins que licites a tous ceulx qui eussent peu interpreter ces raisonnemens en mauuaise partie. A la fin de ce propos toute clairte estoit faillie sur nostre hemisphere, & les estoilles commencoyent a reprendre la leur au ciel. parquoy auec la lumiere de plusieurs torches la Royne & sa suyte remonterent au palais, ou chascun se retira en sa chambre pour reposer. Et incontinent que madamoyselle Berenice fut en la sienne auec ses compagnes, elle leur conta entierement tout ce qui s'estoit passé entre la Royne et elle. puis enuoya querir les troys gentilz hommes: lesquelz arriuez elle deit incontinent au seigneur Lauinello:

Sans point de doubte mon gentilhomme il uous est aduenu ce dont messire Gismondo uous a ce iour d'huy menasse: car sachez qu'il uous fauldra demain parler en presence de la Royne. Puis quād elle leur eut faict entendre tout le progres de ceste chose, & qu'ilz eurent aucunement deuisé de ce qui estoit a faire, ilz prindrent congé, & s'en retournerent en leurs chambres iusques au lendemain. Le iour uenu la Royne disna d'assez bonne heure: puis print telle compagnie de gentilz hommes & de dames que bon luy sembla, donnant congé aux autres d'aller a leurs negoces: et s'en entra en son iardin: ou son plaisir fut s'asseoir sur l'herbe uerde a l'umbre des Lauriers, aussi bien que les autres: mais ce fut sur deux beaux oreilliers que ses femmes de chambre y auoient portez. Puis les gentilz hommes & damoyselles s'assirent tous enuiron sa maieste, les uns pres, & les autres loing, chascun selon sa qualité: & n'attendoit on plus sinon que le seigneur Lauinello commenceast ses raisons. par quoy faisant la reuerence a la Royne, comme le deuoir requeroit, il se print a parler a elle en ceste maniere:

Incontinent que i'ay entendu, madame, que c'estoit le plaisir de uostre maiesté d'ouyr de moy ce que ie pensoye seulement dire en presence de nostre petite compagnie: i'ay esté bonne espace de temps a penser a la foyblesse de mon entendement, a l'importance de la chose a moy commise, & a la haultesse d'icelle uostre maieste: de sorte que i'ay
bien

bien congneu que ie me suis faict un grand tort de promettre a mes compagnons & a ces trois damoyselles de dire mon opinion sur la matiere proposee, & prendre ceste charge sur moy: car encores que pour l'heure i'estimasse pouuoir paranature satisfaire a leur desir: si tost que ie suis uenu a considerer que mes paroles doyuent peruenir iusques a uoz oreilles, & me suis figuré l'image de uostre excellence, incontinent mes forces m'ont semblé diminuer, & la matiere a se rendre plus malaysee qu'elle n'estoit: telement, certes, que ie me suis trouué en dur party, iusques a ce que retournāt ma pēsee deuers la bōté infinie de uostre excellēce, i'ay reprins un peu de courage, & conclu en moy mesme que ie ne scauroye faillir en obeyssant a ce qu'il uous plaist ordonner, pource que uostre bonne cognoissance est trop plus grande que mon deffault ne scauroit estre. D'auantage ayant premedité plusieurs autres poinctz enuiron ce subgect, ie me suis persuadé, si la fortune regardant a la grandesse des choses qui se peuuent deduire, a pour ceste foys eleu une dame tant singuliere pour les ouyr, & en iuger, que cela ne me doyt estre moleste, pource que ou ie uiendroye a faillir, ie pourroye obtenir pardon, ou estre abondamment secouru si matiere me deffailloit. Qui plus est, quād

Q ij

i'ay regardé plus auant, il m'a semblé que ueoir la Royne de Cypre assister a mes discours, ce qu'elle n'a faict a ceulx du seigneur Perotino, ny de messire Gismondo, sont bonnes arres pour uaincre ceste dispute. Ie uous supply dõcques madame, que cest augure par moy pris, me uaille presentement: et que la splendeur de uostre maieste aspire a ce q̃ ie doy mettre en termes: car ma hardiesse petite ueult estẽdre ses aelles soubz sa faueur ample & spacieuse: parquoy auec sa bonne licence ie commenceray a dire ainsi.

Les opinions de ces deux gentilz hommes qui uous furent hyer recitées par madamoyselle Berenice, eussent peu estre comportables, et se feust peu le different terminer a uolunte sans attendre arrest d'autre iuge, si l'un sollicité de l'ennuy qui le bat en aymant, & l'autre esmeu de la ioye qu'il en reçoit, n'eussent passé les iustes bornes de raison, & que la liberte de la parole ne les eust transportez en lieux trop esgarez: car pour cõprendre en peu d'espace tout ce en quoy ilz occuperent beaucoup d'heures, l'un uoulant demõstrer qu'amour est tousiours mauuais, & ne scauroit estre bon: & l'autre qu'il est tousiours bon, et ne scauroit estre mauuais: s'ilz l'eussent dict participant de mauuaistie et de bonte, & ne feussent allez extrauagans oultre cela: il la:il ne feuſt maintenant beſoing de donner a uoſtre maieſte la peine de m'eſcouter, ueu que ceſt amour dont ilz ont parlé, peult eſtre bon & mauuais: cōme i'eſpere le monſtrer par euidéce. Et cōbien qu'il faille neceſſairement confeſſer que l'une de leurs opinions ne peult eſtre uraye, pourautant qu'elles ne s'accordent: ſi eſt ce que ces gentilz hommes donnerent chaſcun a la ſienne tele couuerture, & de ſi bōne grace, que ſans point de doubte l'une et l'autre ont peu ſembler aux eſcoutans eſtre bonnes & ueritables, ou pour le moins qu'il eſt malayſé de cognoiſtre laquelle eſt hors du bō chemin. Toutesfois il n'y a pas petites apparences qu'elles ſont toutes deux faulſes: comme ainſi ſoit que la uerite eſt de tele nature, qu'incōtinent que lon la touche, elle ſort d'entre les menſonges cōme une eſtincelle, & ſoudainement ſe manifeſte a qui la regarde. Certainement, madame, le ſeigneur Perotino a beaucoup aſſemblé d'hiſtoires, & produict aſſez de ſophiſmes pour monſtrer qu'amour eſt ordinairement amer, & touſiours dommageable. Auſſi a meſſire Giſmondo de ſon coſté, pour nous faire croyre qu'il ne ſcauroit eſtre ſinon doulx, et prompt a ſecourir, telement que l'un a eſté melancholique, & l'autre ioyeux en ſon parler: ſi bien que le plaignāt nous a faict plaindre: & celuy qui eſtoit plus gay, nous a faict rire maintesfois au moyen de ses brocardz, et facecies. Et pendant que chascun d'eulx s'est subtilié de soustenir son dire par plusieurs estasonnemés appliquez en diuerses manieres, ilz ont auec leurs questions mis en doute ce qui n'y estoit point: nõobstant que les autres hommes disputent seulement pour esclaircir la uerité des choses ambigues. N'attendent donc ces gentilz hommes que ie confute particulierement tous les poinctz de leurs propositions, qui sont pour la pluspart superfluz, & de nulle importance: car ie ne leur mettray en auant sinon choses qui seront suffisantes pour leur faire cognoistre de combien ilz sont foruoyez de la bonne uoye.

Ie dy madame, puis qu'amour n'est autre chose q̃ desir tournoiant a l'entour de l'obgect qui luy a esté agreable, que lon ne scauroit aymer sans ce desir, ny aspirer sans luy a la iouyssance de la chose par nous aymée: non en iouyr autrement que nous en iouyssons, ny, qui plus est, conseruer en integrité le bien que souhaictons a ce qui plus nous satisfaict. D'auantage que desir n'est sinon qu'amour, pource que ne scaurions desirer une chose que n'aymons point: mesmes qu'il ne seroit possible nous y accommoder en aucune maniere. Or tout amour & tout desir ne sont sinon une substãce,

ce, & l'un n'est rien plus que l'autre, & ces deux sont en nous seulement en double maniere, ascauoir naturellement, ou bien de nostre uolunté. I'entens naturellement, aymer a uiure, entendre les choses bonnes, procurer la perpetuation de soy & de ses enfans, & chercher les profitables, que nature nous donne sans moyen, lesquelles durent a iamais, & sont en tous les hommes infuses d'une mesme sorte. Et soubz celles de nostre uolunte ie compren les couuoytises qui prouiennent separement en nous selon que la uolunte incitée des obgectz, esmeut a desirer peu ou assez, tantost l'une, tantost l'autre : maintenant ceste cy, & maintenant ceste la. Ces couuoytises augmentent ou diminuent, s'entrelaissent, puis se reprennent, & suffisent ou ne suffisent, tantost d'une sorte en un courage, & tantost d'une autre en un autre: uoire tout ainsi que nous uoulons & sommes disposez a les receuoir & loger en noz pensees. Mais il fault entendre, ma dame, que ces especes de desirs dont ie uous parle, ne nous furent données indiscretement, & a l'auanture, ains par meure deliberation & conseil de celuy (quel qu'il soit) qui est occasion premiere & trescertaine de nous, & de toutes les choses: pource qu'estant son bon plaisir que la generation des hommes s'allast

perpetuāt auec le monde, & multipliant d'aage en aage, auſsi biē que celle des autres animaux, il aduiſa qu'il eſtoit expedient de creer en nous la dilection de la uie, dont i'ay parlé, enſemble de noz enfans, & des choſes neceſſaires a bien et heureuſemēt uiure. Et ſi n'euſt eſté ceſt amour, noſtre eſpece qui dure encores, feuſt faillie auec les premiers hommes. Or pource que ce Createur nous auoit reſeruez a choſes plus grandes, & faict naiſtre pour meilleure fin: il adiouſta en noz courages les parties de la raiſon. puis pour garder qu'elle ne demouraſt en nous uaine & oyſiue, fut de neceſſite qu'il y adioutaſt la uolunte libre, ou franc arbitre, auec lequel peuſsions deſirer & ne deſirer les obgectz ſoubmiz a noſtre ueue & imaginatiue, mais en faire tout ainſi que bon nous ſembleroit. Et de la uient qu'en noz premieres uoluntez naturelles nous tous aymons & deſirons en une ſorte, auſsi bien que les autres animaux, leſquelz pourchaſſent de uiure & s'entretenir chaſcun en ſon eſpece, au mieux qu'il peult: mais en autres choſes noz affections ne ſont ſemblables. La raiſõ eſt, que ie pourray aymer tel perſonnage que le ſeigneur Perotino n'aymera point: ou il l'aymera beaucoup, et ie ne l'aymeray que biē peu. Maintenant il fault uenir a ce que diſoit hyer
meſsire

meſsire Giſmondo, aſcauoir que iamais nature ne
s'abuze,& que les deſirs naturelz ſont touſiours
bõs en leur qualité,et ne ſcauroiẽt eſtre mauuais en
quelque maniere que ce ſoit. Il ne diſoit pas que noſtre uolunte ſe peult abuzer, ce qu'elle faict plus
ſouuent que ne uouldroye: & que pour ceſte cauſe
noz deſirs peuuent eſtre bons & mauuais, auſsi
bien que les fins a quoy elle les adreſſe. Et de ceſte
maniere de deſirs, eſt celuy que le dict meſsire Giſmondo ſe propoſoit nous perſuader, & eſt ce que
les gens appellent ordinairement amour: ſuyuãt lequel nous ſommes cõmunemẽt reputez amoureux,
cõme ainſi ſoit que ſelon l'arbitre d'unchaſcũ nous
aymons, deſaymons, & diuerſement deſirons, non
neceſſairement touſiours, uoire tous une choſe meſme, & d'une ſemblable maniere,eſtãs pouſſez de
naturelz deſirs: car noſtre affection peult eſtre bõne & mauuaiſe ſelon la fin ou elle tend,& qui luy
eſt donnée de noſtre uolunte. Mais ce bon gentilhõme pour corroboration de ſon dire, preſt a ſuccum-
ber, meſla ceſte affection corrumpue auec les deſirs
naturelz, uoulant par là donner a entendre qu'elle
eſt touſiours bonne, & ne ſcauroit eſtre mauuaiſe.
Ie uous ſupplye, dictes moy, Qui ne ſcait que ſi i'ayme une dame uertueuſe et gẽtille plus pour ſon bõ
eſprit, honeſtete, modeſtie, bonne grace, & autres

parties du courage, que pour celles du corps, et non les perfections corporelles pour raison de soy, mais seullemēt pource qu'elles sont parure et decoration de celles de l'ame: Qui ne scayt, dy ie, si i'ayme ainsi, que mon amour sera bon & louable, consideré que la chose en tele sorte par moy desirée, sera uertueuse & honneste? Et au contraire qui n'entend, si ie me mectz a aymer une dame peu sage, et intēperée, ou d'une pudique & uertueuse ce qui est coustumierement obgect d'un courage dissolu & depraué, que tel amour est mauuais & infame, principalemēt pource que sa fin est xicieuse en soy? Certainement il aduient souuentesfois que les auantures prosperes dont messire Gismondo a parlé, suyuent ceulx qui ayment de bonne sorte, ascauoir reueillement d'esprit, priuation de follie, accroissemēt de ualeur, & detestation de toute uolunte uilaine & basse. mesmes trouuent tousiours remede expediēt en tout tēps et en toute place contre les ennuyz & tribulations de ceste uie: ou qui ayme pour infamie, iamais ne luy scauroit sinon mal aduenir: ains la pluspart du temps luy succedent les grieues trauerses dont le seigneur Perotino a parlé, qui sont scandales, souspecons, repentāces, ialousies, souspirs, larmes, douleurs, perdition de toutes bōnes œuures, de temps, d'amys, de conseil, de uie, & destruction
de

de soymesme. Ne croyez toutesfois messire Gismõdo, qu'encores que ie parle en ceste sorte, ie ueuille pourtãt maintenir que l'amour soit bon en la guyse que l'auez painct : car certes ie suis aussi loing de ceste opinion, que uous estes de la uerite : de laquelle grandement uariastes au sortir des limites des deux sentimens premiers, & de la pensee, quand uous laissastes legieremẽt transporter a uostre desir, non content des choses simples. Qu'il soit uray, c'est une opinion toute certaine, et a nous peruenue des escoles plus approuuées des antiques diffinisseurs, que bon amour n'est autre chose que desir de beaulte. si donc uous eußiez mis autant de peine par le passé a congnoistre quele est ceste beaute, comme uous en preinstes hyer pour nous paindre subtilement les perfections exterieures de uostre dame : a la uerite uous n'eußiez pas armé comme auez faict, ny conseillé aux autres de poursuyure ce que uous cherchez en amours : car beaulte (puis qu'il fault que ie le dye) n'est sinõ une grace qui prouient de proportion, conuenance & harmonie des choses : & tant plus elle est perfaicte en ses subgectz, plus les rend elle gracieux & desirables, pour estre non moins accidentale aux espritz des hommes, qu'elle est a leurs parties corporelles. Et cõme le corps est estimé beau, duquel les mẽbres

ont proportion correspondente : tout ainsi est beau le courage duquel les uertuz fōt harmonie entr'elles. Et tant plus sont l'un & l'autre participans de la grace que ie dy, plus sont ilz douez de beauté, d'autant que leur conuenance est plus perfaicte & accomplie. Le bon amour doncques est un desir de tele beaulte de courage & de corps. Et cest amour bat tousiours ou estend ses aelles pour aller a elle comme a son uray obgect. Et pour faire ce uol, il a deux fenestres propices, l'une par ou il tend a la beaulte de l'ame, & ceste la est l'ouye : & l'autre par ou il uolle au corps: & ceste la est la ueue : car ainsi comme par les formes qui se manifestent aux yeux, nous congnoissons quele est la beaulte du corps: ainsi par les uoix & paroles que les oreilles recoiuent, nous cōprenōs quele est celle du courage. Et certes le parler ne nous fut a autre fin donné par la nature, que pour estre demonstrateur entre nous de noz affections & pensées. Mais pource que la fortune & l'accident peuuent souuentesfois empescher a noz desirs le passage pour aller a leurs obgectz, nous esloignant (comme uous auez dict) la chose qui n'est presente, iusques a qui l'œuil & l'oreille ne se scauroient estendre, le penser nous pouruet de la mesme liberté que ces deux sentimens nous auoient donnée, afin que quād il nous plairoit,
peussions

peußions peruenir a la iouyſſance de l'un & l'autre de ces beaultez. Or comme les perfections du corps, & ſemblablemēt celles de l'eſprit, ſe repreſentent a nous par la penſée, dont uous feiſtes hyer une digreßion bien longue, & que a toutes heures & momentz pouuons, ſi bon nous ſemble, auoir la iouyſſance de ce bien, ſans qu'aucun empeſchement y obuie: & comme il n'eſt poßible d'attaindre aux beaultez du courage par odorement, attouchemēt, ou gouſt humain: ainſi ne peult on en abſence arriuer a celles du corps au moyē de ſes ſentimēs, pource qu'ilz ſont cloz & ſerrez entre hayes ou fermetures plus eſpoiſſes & materielles que ceulx de noſtre eſprit: car encores que uous meßire Giſmondo ueinſſiez a ſentir ces fleurettes, ou eſtendißiez la main entre ces herbes, uoire quand uous en gouſteriez d'aucunes: ſi ne ſeroit il pourtant en uoſtre pouuoir determiner laquelle de toutes eſt plus odorante, uenteuſe, amere, doulce, aſpre, ou delicate: et ſi uous ne les regardiez, iamais ne ſcauriez dire quele eſt la plus belle, nō plus qu'un aueugle pourroit iuger de la perfection ou imperfection d'une figure qu'on luy mettroit deuāt les yeux. A ceſte cauſe ſi le bō amour eſt (cōme i'ay dict) deſir de beaulte, & ſi aucuns de noz ſentimēs autres que l'œuil, l'oreille, & la pēſée, ne peuuent attaindre a ce but:

tout ce qui est cherché par les amoureux, auec ces sentimens excluz, hors ce qui fait au soustenement et sustentatiõ de la uie, ne scauroit estre bon amour, mais inique & reprouuable. Si doncques il estoit ainsi, uous messire Gismondo ne seriez amateur de beaulte, mais de choses laides & uiles: ueu que les delectations qui sont en puissance estrangiere, ne se peuuent acquerir sans corruption d'autruy, & si sont d'elles mesmes malaysees, nuysibles, terrestres & lymonneuses: ou uous auriez cõmodite de iouyr de celles qui sont en uostre puissance, & si n'offen-seriez personne, ou en seriez tenu a aucun: comme ainsi soit que chascun peult en soy iouyr de son bien spirituel, sans contrarier a sa nature. Parquoy suffi-soit d'exalter en la iournee d'hyer les delices hon-nestes, que pourrez tousiours magnifier quand la uolunte uous en prẽdra. Et oze biẽ dire, que iamais elles ne seront assez conuenablement exaltées. Mais puis que uouliez parler des autres, uous le pouuiez commodement faire en les blasmant, com-me il estoit requis. Ce faisant, uous eussiez donné grande louenge au bon amour, ou uous l'auez par ceste uoye uituperé contre raison. Dont pource que c'est un grand dieu, ie uous conseille messire Gi-smondo que luy faciez amende honorable pour ce-ste offense, ainsi que feit iadis le poete Stesichorus:
lequel

lequel ayant par ses uers diffamé la belle Helene grecque, & estant pour punition meritoire priué de l'usage de la ueue : quand il se uint a retracter, & en dire d'autres en sa louenge, il retourna en sa lumiere, qui par grace luy fut rendue. Aussi quand uous tesmoignerez le contraire de ce qu'auez proposé contre le bon amour, & despriserez ces delectations mauuaises autant que les auez estimées: uous pourrez par ce moyen racquerir la lumiere de uray iugement, que uous auez presque du tout perdue.

Quand le seigneur Lauinello eut ce dict, il feit une petite pause, pour reprendre son alaine, comme font ceulx qui ueulent longuement parler. Adonc la Royne s'estant dressee en son seant, tourna deuers luy son uisage, & parla en ceste maniere:

Vous auez bien faict seigneur Lauinello, de nous rememorer ces poesies, pource que le grand plaisir que c'est d'entendre uoz paroles, en eust peu causer l'oubliance, si ne les eussiez ramentues. Puis donc (comme i'ay entendu) que uoz compagnōs ont meslé parmy leurs propoz tāt de belles rymes & diuerses, & que uoz damoyselles ont eu le plaisir de les entendre, ne uoulez uous de uostre part entrelasser aux uostres aucuns de uoz uers, si qu'ilz nous puissent delecter, puis que n'auons eu la commodité d'aßister aux autres?

Certainement, ma dame, respondit Lauinello en toute humilité, si i'en auoye de ma façõ qui feussent autant poliz pardessus ceulx de mes compagnons, que uostre maieste est plus excelléte que ces damoyselles: ie pourroye encores ce iourd'huy uous en reciter quelques uns sans estre accusé d'arrogance, nõ plus qu'ilz ont esté ces deux iours passez. Mais ie confesse n'en auoir qui soient seulement dignes de nostre petite premiere compagnie: tant s'en fault qu'ilz ozassent cõparoir en l'ample theatre de uostre presence, ne s'y faire aucunemẽt ouyr. Parquoy ie supply treshumblemẽt icelle uostre mäiesté, qu'il luy plaise ne me imposer ceste charge, dont ne me scauroye bien acquiter: & elle me fera une gratuité bien grande.

Vous ne nous faictes que trop d'honneur par uostre grande courtoysie, repliqua promptement la Royne: & dy bien que uoz damoyselles, que nous tenons en lieu de sœurs, se pourront complaindre de uous: & si nous feriez un grãd tort si ne uouliez satisfaire au deuoir, ainsi que uoz compagnons: car nous auons bonne information que uous estes riche & abondant en rymes, autant que chascun d'eulx peult estre.

Apres ces motz ne trouuant plus le gentilhomme

me eschappatoire pour s'excuser de produire ses rymes, apres aussi plusieurs paroles tant de madamoyselle Berenice, laquelle supplyoit tresinstament sa maieste, qu'elle, cõment que ce feust, le feist chanter: que de messire Gismondo, affermant qu'il en estoit maistre: il se print a dire en ceste sorte.

Puis que c'est le bon plaisir de uostre maieste, madame, ie diray cõme ie scauray: & puis que la matiere se presente a parler de troys pures especes de resiouyssance que lon recoit en bien aymant, ie uous reciteray en partie ce que i'en ay peu exprimer en troys de mes chansons, toutes yssues d'une tige, afin qu'ayant passé ce pas, ie puisse de meilleur pied affranchir l'autre partie de mon discours. Et cela dict, il donna tel commencemẽt a la premiere, faisant parler sa Muse:

D'autant que mon plaisir a chanter me conuie,
E t qu'Amour de sa uoix me dicte les propoz,
N e scay lequel des deux choisir, tant suis rauie.
T out autre uouloir donc preste a mõ cueur repos,
E t tele grace ayt il, que ie puisse a bel ayse
D ire ce que i'entens, si qu'a nul ne desplaise.

A duis m'est contempler une face tant belle,
O uyr uoix si tresdoulce, & penser tant exquis,
Q ue ie n'eusse esperé par puissance mortelle
O u aucun art humain tel bien estre conquis,

R

TROYSIESME LIVRE DES

Car le ciel en mil ans au monde n'en distille
Tel comme ie le sens en mon ame trasser:
Parquoy mon astre ueult que i'en pare mon stile,
Et en parle sans cesse, & sans point me lasser.
 Ce fut en la saison que la glace se perd
Pour faire place aux fleurs, quãd le soleil remõte,
Dont la terre deslors tant obscure n'appert,
Qu'entre le beau crystal & la uerdure prompte
Madame s'en reuint a mon cueur se loger:
Mais des le premier coup ia n'en deuoit bouger.
Ma fortune uoulut qu'elle auoit en ce poinct
Ses beaux cheueux espars, et sõ regard tãt doulx,
Ioyeux, graue & courtoys, armé ou mis en poinct
De traictz a fer doré pour faire de beaux coupz:
Et a ce que i'en uey, passager il estoit
Entre nous: dont sans plus ne me resta que l'umbre
Qui me feit dire en moy, tant il me delectoit,
Amour est icy pres, ou des dieux un bon nombre.
 Il estoit, certes, uray: car ainsi que le iour
Monte auec le soleil, ainsi auec madame
Vient le dieu des amans: lequel fait son seiour
En sa ueue, & iamais n'esloigne sa belle ame.
Puis comm' ilz deuisoient, des termes entr'ouy
Resonans si tresdoulx, que tout fu resiouy.
Ia ne sembloiẽt pourtãt yssir de langue humaine:
Car tout aupres de la une fontaine y eut,

Laquelle

Laquelle en ueyt courir son eau plus uiue et saine.
Mais deuant le regard qui admirable fut,
Les forestz s'inclinoient, reprenāt uerd feuillage:
Les herbes florissoiēt a milliers & a cētz. (lage
Soubz ses piedz : et les uētz leur grād fureur uol-
Appaisoient au doulx son de ces premiers accentz.

Lors toutes les doulceurs qu'oncques amās sētirēt
Iusques a ce beau iour, prindrēt leur place en moy,
Dōt mes yeux esblouyz, leur dame a peine ueirēt.
Son manteau pur et blāc uainquoit la neige en soy,
Et le geēt d'enuiron sur les talons battant,
Pouuoit rendre serein l'air tout en un instant.
Mais sa marche allegeoit aux espritz leur tristesse,
Les oultrages passez effaceant a un traict.
Puis le parler begnin tout remply de sagesse,
Lequel m'auoit de moy par puissance distraict,
Et les cheueux dorez, qui lyerent mes sommes,
Sembloient certainement choses de paradis
Transmises en ces lieux pour la ioye des hommes,
Et donner paix au monde en actes & en dictz.
Si le ciel ueult qu'a nous tant digne uoix se rēde,
Et si de dame sont ces exquises beaultez:
Qui les escoute & uoyt, a felicité grande.
Mais si i'en estois hors, quel Ange a mes costez
Ses aelles presteroit pour uoller ou i'aspire,
Elle fuyant les lieux ou lon pleure & souspire?

R ij

Faisant ce mien discours, en un moment ie uey
Vn qui me la paignoit, puis escriuoit ces termes
En mon cueur, & disoit: Amy, ie te pleuuy
Que tu as pour ce faict bonnes plumes & fermes.
A donc a moy reuins. mais tel que ie fuz pris,
Tele ie la trouuay au fons de ma pensée,
En uisage & en uoix: qui me fut un grand pris
Du seruice en quoy i'ay ma ieunesse passée.
   Demeure icy chanson, puis que d'un tel tresor
Tu es si pourement saillye, & mal uestue.
Las tu auoys moyen t'habiller toute d'or:
Mais il en prend ainsi a qui ne s'esuertue.

   Ceste chanson finie le seigneur Lauinello uouloit rentrer en son discours: mais la Royne qui n'auoit oublyé la promesse des troys yssues d'une seule tige, se trouuãt satisfaicte de la premiere, uoulut qu'il continuast les autres deux: parquoy il poursuyuit la seconde en ceste sorte.

   Si l'esprit desireux me renglue & remect
En mon uouloir premier, & ie n'estens mes aelles
Pour auoir liberté qui tant de cueurs soubzmect,
Esbahir ne s'en fault: car des amorses teles
Flámesches uõt saillãt, et le grãd feu s'emprainct,
Qui a chanter de uous, o belle, me contrainct.
Vous estes toute en moy: & ce qui dehors luyt,
Ne peult estre sinon uostre splendeur nayue.

Mais

Mais pource que mon stile encores n'est bien duyt
A la representer: tout ce qui en deriue
Par ma bouche ou ma main, prēd sa racine en uo°.
Toutesfois la substāce est trop basse et trop brieue:
Ou si haulte elle estoit, et pleine d'accentz doulx,
Mille amans en seroient gettez de peine grieue.

   Veu que depuis le iour qu'un siege uous paray
Au meillieu de mō cueur, oncques ie n'eu qu'esbas,
Et de toute langueur ma uie separay:
Dont si par lōgue espreuue on scait le uray cy bas,
Soit que lōg tēps ie uiue, ou que bien tost ie meure,
Ie n'espere sinon bon heur, uenant mon heure:
Car si ferme est le pied de mon estat heureux,
Que ueritablement soubz le ciel de la Lune
N'y a felicité, ny bien tant plantureux,
Qu'on puisse equiparer a ma bonne fortune,
Par ce que si les gens ont tant soit peu de bien,
Douleur soudain les bat: mais moy, ie n'ay tristesse
Qui puisse diuertir aucunement le mien:
Vostre bonne mercy, ma dame & ma maistresse.

   Quand dure destinee aucunesfois m'assault,
Et que ce corps mortel est tourmenté de sorte
Que sa fragilité en a plus qu'il ne fault,
Le grād plaisir d'amours, que pour armes ie porte,
Soustient le faix du coup, si qu'il ne perce point:
Et pour me secourir estes là tout a poinct.

                        R iij

Si donc uif ie me treuue ou un autre mourroit,
Ce n'est par ma ualeur, industrie, ou uaillance,
Veu que ie suis un blanc ou adresser pourroit
Chascū traict de malheur que le sort humain lace.
Mais uous estes pauoys a moy, qui de nature
Suis debile: & ainsi l'accident n'y meffait:
Parquoy lon ne scauroit de uoix ou d'escripture
Exprimer le plaisir que uostre amour me fait.
 Vn tour d'œuil seulemēt de uous ma chere amye,
Ou une seule uoix qu'en respirant formez,
Me causent telz soulas, que le cueur m'en fremie,
Dont ne peuuēt par lāgue ou plume estre estimez:
Et n'est myrte ou laurier gardāt mieux sa uerdure,
Que l'idée ie faiz du bien qui en moy dure.
Mesme de ce repas tant est mon ame esprise,
Que chose qui ne soit uous, ou uostre penser,
Ne l'en peult diuertir, bien que chascun la prise:
C'est pourtant qu'elle craint uostre grace offenser,
Ou soit aux petitz iours, q̄ noz climatz se cœuurēt
De neige, ou quād les lōgs eschaufēt prez et chāps,
Ou que nouuelles fleurs s'espanissent & œuurēt,
Ou quād rameaux se fōt plus courbes et couchās.
 Si ie puis contempler uostre face gentille,
I'appercoy Roses, Liz, Violette, et maintes fleurs,
Auec Perles, Rubiz, & or de canetille
Puis sētz une harmonie esmouuāt a doulx pleurs,

Qui

Qui est faicte emmy l'air par grande multitude
D'espritz glorifiez en la beatitude.
Mais si ie uous entens, ou pense a uostre corps,
Tout cela qui peult plaire, & y fut mon plaisir,
Est autant que de rien au pris de uoz accordz:
Dont n'ozerois iurer qu'Amour se peust saysir
Au moyen de son arc, d'un bien tant precieux
Que par uous il possede: & me semble qu'il dye
Vollant enuiron uous, ce mot audacieux,
Autant suis ie puissant, que ceste m'est amye.

 O chanson pour aller en estrange maison
Tu n'abandonneras ceste mienne logette:
Au moins si tu congnois, comme ueult la raison,
Cōbien tu es grossiere, et aux mocqueurs subgecte.

 Incontinēt apres ceste secōde le seigneur Lauinello ueint a la tierce, sans se faire autrement prier.

 Puis qu'Amour ne se lasse en aucune maniere
De me dire & nommer cę dont parler ie doy,
Plus s'esmeut en mon cueur de plaisir la miniere.
Parquoy ie poursuyuray. mais si la uoix de moy
Fault a en dire assez, ma maistresse m'excuse:
Laquelle se distraict des loix dont le monde use.
Las comment sailliray ie ou ie l'ay ueu asseoir,
Moy terrestre & pesant, quand elle est tant agile?
Il suffira (ce croy ie) au matin & au soir
L'adorer en esprit, & en faire uigile:

R iiij

Ou bien grauer son nom sur escorce de boys,
Ou en sable marin, si desir m'y prouoque:
Afin que l'honnorant, Mer bruye a pleine uoix,
Et que toute forest la congnoisse & inuoque.
  Cela rendra mon ueuil assouuy du remors
Qu'il a de s'exalter prisant la plus qu'humaine.
Mais crainte de tumber, le tient au frein & mors:
Dont si ie uois cherchant son los en ce domaine,
Nonobstant qu'elle soit colonne de ualeur,
Ie ne croy dire a plein ce que ueult ma chaleur.
Mais pource que i'entends ma grand prosperité
Faire ueoir a aultruy, & que d'elle procede,
Il m'est force a la fois escrire en uerité
Comment tout mon penser de son bien me succede,
Ou de l'esprit qui tient la clef ouurant mon cueur,
Ou de uous mon support, o luysantes estoilles,
Que i'estime trop plus que nectar en liqueur,
Bien qu'a moy uo° cachez souuët d'übrageux uoiles.
  Vous estes a mon uiure un tranquille et bõ port:
Car comme le Soleil esclaire a ce bas monde,
Et la nue se perd au uent petit ou fort:
Ainsi me uient de uous lyesse pure & munde,
Et par uostre presence, ennuy, tourment & deuil
Me sont annichilez a moins d'un battre d'œuil.
D'auantage en oyant uoz clameurs et doulx criz,
Cela me gecte hors de toute emprise uile

           Et

E t desnoue le neu qui tient beaucoup d'espritz
A la terre inclinez d'affection seruile,
S i que quand ie seray hors ceste prison cy,
I' espere encontre mort faire de moy conqueste,
E t en plus belle forme estre une loy sans si
A tous uraiz amoureux q̃ de beaulté sont queste.

    En penser solitaire autre que le commun,
V oys cõtẽplãt le tout: puis ie cherche & tournoye
P army tous ses honneurs, & n'en laisse pas un.
L ors bel accueil se met hũble et graue en ma uoye
A uec ryre appaisant tous maulx sans y toucher:
E t chanter qui pourroit amollir un rocher.
O combien me taisant ie passe de merueilles,
Q ui sont dedans mon cueur closes bien doulcemẽt?
A pres entre au iardin paré de fleurs uermeilles,
P erdurable, & qui n'eut iamais commencement:
E t dessoubz l'herbe entés dire, C'est pour ta dame
Q u'est ce lieu reserué. elle y peult a plaisir
E stre yuer & esté. parquoy ie pais mon ame
D e ce bien, sans uouloir autre gloire choysir.

    Qui ne scait quele ioye est au throne excellent
E ntre les bienheureux de ueoir dieu face à face,
E spreuue un de ces biens dont ie luy uoys parlant:
P uis n'aura peur q̃ chault ou froideur luy mefface,
N on qu'autre indignité de ce passage humain
P uisse approcher de soy au iourd'huy ou demain.

Car si ma belle dame incline un seul petit
L œuil pour le saluer, il n'aura plus que faire
De conseil terrien contre fol appetit,
Et vaincra destinée, ou la pourra deffaire:
Mesmes quand ces brandons le conduyront au ciel
Par le chemin plus droict, qu'il trechera des aelles,
Terrestres voluptez ameres comme fiel
Laissera soubz ses piedz, et prēdra les bōs zeles.

Ou uas tu ma chanson? que ueulx tu deuenir,
Quand encor auec moy demeurēt tes compagnes?
Tu ne te peulx en rien plus mettable tenir,
Que l'une & l'autre sont au lōg de ces cāpagnes.

Le seigneur Lauinello s'estāt acquité de ses chāsons, reprint en ceste maniere sō propos entrelaisse:

Ce peu, madame, que i'ay dict iusques a present, eust parauanture peu suffire pour faire congnoistre a noz damoyselles l'impertinence des raisons de mes compagnons, & comment ilz ont industrieusement caché la mensonge soubz les grans monceaux de leurs disputes dont uostre maiesté a entendu le sommaire: a laquelle toutesfois ne l'eussent sceu desguyser, ne pareillement a sa damoyselle, qui l'autre iour a l'yssue du disner m'enseigna par sa chanson ce que i'en auoye a dire, puis que ces gentilz hommes s'estant mis sur les brisees des deux autres filles, l'ont ainsi uoulu preuertir. Et sans point

de

de doubte la fortune m'a esté grandement secourable en cest endroict : car ce matin a bonne heure m'estant destourné de toutes gens pour mieux penser a mon affaire, ie sorty hors de ce chasteau, & m'en allay promener a l'auanture, qui me conduict en une petite sente par ou lon monte au coupeau de ce tertre cy derriere : & tant fey auec mon labeur, que finablement arriuay en un petit boys couurant la plus haulte partie de la montagne, & prouenu en rond, comme s'il auoit esté planté par artifice. Certainement ce beau rencontre fut tant agreable a ma ueue, qu'ayant entrerompu mon principal negoce, ie m'arrestay tout court pour le contempler. Et quand ie l'eu bien regardé par dehors, la suauite des beaux umbrages, & le silence solitaire, me feirent uenir enuie d'entrer dedãs. parquoy laissant le chemin ou i'estoye, ie pris un petit sentier, peu ou comme point batu, qui entroit en ce beau boccage. et ne cheminay gueres longuement, q̃ ceste uoye me mena en une petite plaine descouuerte : a l'ũ des boutz de laquelle i'apperceu une maisonnette, et un hõme chanu, decoré dune grãd barbe blãche, et uestu d'une robe de la couleur de l'escorçe des chesnes d'enuirõ. Cest hõme se promenoit tout seul pas a pas, et pẽsoit a quelq̃ chose, si biẽ q̃ a l'occasiõ de sõ pẽser il ne m'aduisa du premier coup ains en se promenant s'arrestoit par fois tout court: & quand il auoit demouré quelque temps immobile, recommencoit comme deuant a cheminer : ce qu'il continua bien longuement. & en ces entrefaictes me ueint en la memoire que ce pouuoit estre le sainct homme duquel le bruyt cōmun portoit qu'il estoit la uenu faire son ermitage pour myeux uaquer aux sainctes lettres, & a la contemplation des choses haultes. parquoy me feusse uoluntiers aduancé pour le saluer, afin, si i'eusse trouué qu'il eust esté celuy que i'estimoye, de luy demander conseil en la matiere que ie scauoye me falloir traicter ce iourd'huy en presence de uostre maiesté, ma dame : mesmement pource que i'auoye ouy dire qu'encores qu'il menast une uie saincte, & fort austere, comme celuy qui n'uzoit sinon d'herbes & racines sauuages, auec de l'eau toute pure, & tousiours demouroit sans compagnie, il estoit docte le possible, affable, & de doulce conuersation, en sorte qu'on le pouuoit interroguer de tout ce que lon uouloit, pourautāt qu'il en respondoit a chascun cordialement, & en grande humilité. Toutesfois il ne me sembla raisonnable ny honneste le diuertir de sa pensee. A ceste cause ie me teins la ferme pour le regarder. mais ie ne fu gueres en cest estat, qu'il se tourna deuers le costé ou i'estoye: et adressant sa

ueue

ueue sur moy, me donna occasion de luy dire ce que
cherchoye. ainsi uoyant mon poinct, ie luy fey la
plus humble reuerence dont ie me sceu aduiser. Ce
sainct homme demoura quelque peu suspens apres
ma salutation. puis uenant assez bon pas a lencôtre
de moy, amyablement se print a dire: Vous soyez
le tresbien uenu, mon filz Lauinello. & s'approchant de plus en plus, me print par les deux ioues,
puis me baisa le front. Vostre maiesté peult penser,
madame, que ce me fut une chose bien estrãge d'estre ainsy accueilly en ce lieu, & encores plus de
m'entẽdre appeller par mon nom, specialemẽt d'un
personnage auec lequel ie n'auoye aucune habitude, & ne scauoye comment il pouuoit auoir congnoissance de moy. Ainsi surpris de merueille soudaine, ie regardoye ce sainct ermite d'un œuil rabbaissé par uergongne, pour ueoir si ie le pourroye
aucunement rafigurer. & congnoissant qu'il n'y
auoit ordre, pource que ne l'auoye ueu de ma uie, ie
demouray bonne espace de temps sans dire mot:
uoire, certes, iusques a tant que par un soubzrire
modeste il monstra s'apperceuoir de mon estonnement : qui me feit prendre la hardyesse de luy dire ainsi:

Certainement (pere) ie suis ce propre Lauinello,
que uous auez nommé, ne scay si uenu en ce lieu

par fortune, ou par la disposition de ma destinée. Mais uous me faictes grādemēt esbahyr par ce que ie ne puis imaginer commēt il est possible qu'ayez congnoissance de moy, qui ne me trouuay oncques en ceste place, & ne uous uey iour de mon uiuant, a tout le moins que ie puisse rememorer.

Alors le bon uieillart qui ia m'auoit pris par la main, adressant ses pas deuers sa maisonnette, en uisage ioyeux & asseuré me ua dire:

Ie ne ueuil, mon filz, que uous esmerueillez de chose qui puisse estre determinée par le dieu tout puissant. Et encores est ce mon intention, puis qu'estes icy uenu a pied du chasteau cy dessoubz, & auez eu la peine de monter ceste montagne (en quoy, pour estre delicat, comme il me semble que soyez, uous pouuez auoir pris du trauail plustost qu'autrement) que nous allions un petit reposer sur ce siege: & ie uous tiendray compagnie, d'autant que de ma part ie ne suis pas des plus robustes hommes du monde. puis uous feray entendre ce que ie scay de uostre faict, & comment i'en ay eu l'aduertissement.

Lors m'ayant conduict a trauers des genestz & bruyeres iusques contre sa maisonnette, il s'asseit soubz aucuns Geneuriers qui estoient deuant hostes prestoit siege simple & suffisant. puis uoulut que ie feisse le semblable. Et apres m'auoir quelque peu laissé reprendre mon aleine, il commencea de raisonner en ceste maniere:

Tãt est, mon filz, large & profonde la mer admirable de prouidence diuine, que nostre humanite se mettant en ses uagues, n'y scait trouuer ne bord ne riue: & si ne peult arrester au meillieu, pource que uoile d'entendement mortel ne scauroit si auãt nauiguer: mesmes n'y a cordage de iugement terrestre, pour bien qu'il s'alonge, qui peust prendre fons en ses abysmes. & pourtant lon uoit chascun iour aduenir plusieurs choses preordonnees d'eternité, mais lon ne peult scauoir comment, ny a quele fin. Et cela est presentemẽt aduenu en la congnoissance qui m'a esté dõnee de uous, mon filz, qui tãt monstrez en prendre de meruueille. Puis sans arrester poursuyuit, que la nuyct precedente comme il dormoit en sa petite chambre, luy sembla me ueoir en songe uenir deuant soy tout en la forme que ie suis: & qu'on luy disoit qui i'estoye: mesmes tous les accidens de ces deux iournees passées, singulierement noz disputes, & comment ie deuoye ce iourd'huy parler en presence de uostre maieste, ma dame, uoire en partie ce que i'auoye deliberé en dire, qui estoit ce que i'ay desia recité. Quoy entendant, ie luy demanday, qu'il luy en sembloit: & le suppliay de tout mon cueur que son plaisir feust me dire ce qu'il en uouldroit opiner s'il auoit a tenir ma place. A quoy il subioignit, qu'estant esueillé par ceste uision, il s'estoit leué, et auoit bōne piece pēsé a ce qui cōcernoit ceste matiere: et encor y pēsoit il quād ie le trouuay: telemēt que ce auoit esté la seule occasiō de l'accueil qu'il me feit aussi bon que si i'eusse esté de longuemain son familier & domestique. Certainement, madame, quand i'entendy ce sainct hōme parler en tele sorte, l'admiration ia conceue en mon esprit, creut cent fois plus qu'elle n'estoit: & l'estime que i'auoye apportée quant & moy de sa saincteté, deuint sans comparaison plus grande que deuant, si bien que remply de frayeur & de reuerence, aussi tost qu'il se teut, ie me prins a parler ainsi:

Ie congnois bien, pere, que ma uenue en ce lieu, n'est sans la dispositiō diuine, a laquelle uostre personne est tant recommandée, qu'on le peult manifestement comprendre. Mais pource qu'il est a presupposer que ceste bonte souueraine uous a par ceste uision faict aduertir que son plaisir seroit que me prestissiez ayde & conseil en la necessite presente, afin (ce cuyday ie) que la Royne entre toutes dame bien aymee des dieux, reçoyue ce iourd'huy
satisfaction

satisfaction conforme a leur decret, non tele qu'on la peult esperer de ma foyble puissance : ie uous supply tant comme ie puis, que ueuillez condescendre a leur saincte uolunte: autrement ie ne suis pas en termes de pouuoir meshuy accomplir ma promesse. Ie requier aussi de ma part, o filz, respõdit le sainct hõme, qu'il plaise a celuy auquel toute bõne œuure est agreable, q̃ ie puisse a sa uolunte executer ceste uostre affection. Et cela dict, leua les yeux au ciel, qu'il regarda bõne pausé sans flechir. puis se tournant deuers moy, se remeit a parler en ceste sorte:

Sachez Lauinello, que uous & uoz compagnons auez pris une charge merueilleusement difficile, uoulant parler d'amour, & de ses qualitez. La raison est, que les choses sont infinies dont lon se peult ayder en cest endroict : & d'auantage les gens aux disputes ordinaires qu'ilz en font, attribuent des parties a sa haultesse qui n'y sont aucunement conuenables, mais taisent ou suppriment celles qui luy sont propres, et plus que necessaires. Parquoy cheminant ainsi a rebours, l'inuention de la uerité pour cõfondre les opinions mauuaises, se rẽd plus malaysée que lon n'estime. Toutesfois nul ne se doit fascher d'en enquerir, ne retraire de son entreprise, encores que pouuoir arriuer a ce but, soit une difficulté plus qu'extreme: car certes il y a peu de choses en ce monde, ou parauäture n'en est point de qui l'intelligēce nous doiue autant contēter, que fait sçauoir que c'est d'amour. Parquoy ie remectz au iugement de la Royne a diffinir ce qui en a esté debatu aux disputes de uoz compagnons, & ce que uous esperez en pouuoir dire, pour congnoistre lequel aura de plus pres approché la uerité, ou s'en sera tiré plus arriere. Si est ce que tous trois ensemble, & chascun en particulier, meritez bien grāde louēge, d'auoir seulemēt eu la hardyesse d'enquerir de ce hault subgect. Ce neātmoins si bon uous semble que ie produise encores quelque chose, ou q̃ uous et moy en cherchions dauantage, cōmencons y en la bōne heure: combien que ie ne ueuil, mon filz, qu'estimez la uerite deuoir estre plustost trouuée soubz ces geneuriers, qu'en autre endroict. Mais afin que soyez hors d'erreur, et ne mainteniez d'oresnauāt qu'amour et desir sont une mesme chose, ie uous dy soubz correction, que c'est tout le contraire. Et pour le uous bailler myeux a cōgnoistre, uoyons en premier lieu quele chose est amour en nous, et en quele part il y regne: puis ie prouueray par euidence qu'il n'est point desir, cōme uous pretendez. Il fault sçauoir auant toute œuure, q'l y a en nostre intellectiue trois parties, qualitez ou especes toutes differentes,

&

& separees l'une de l'autre: scauoir est l'entēdemēt qui est disposé a entēdre. ce nōobstāt il se peult abuzer. Apres y a l'intelligence dont ie parle, qui toutesfois n'a tousiours lieu, pource q̄ les choses ne sont ordinairement bien entendues, comme ainsi soit que l'apprehēsion ne les peult cōceuoir sinon quād l'entendement se meut & tourne auec utilite enuirō la chose qui luy est proposée pour estre sceue ou entēdue. Et finablement y a celle qui prouient de ces deux: laquelle nous appellōs lumiere, image, ou uerite, se demonstrant a nous, si la chose est bien cōprise. & sans point de doubte c'est le fruict & enfantement des deux premieres. mais si elle est mal entendue, elle ne se peult nommer uerite, image, ny lumiere, ains uapeur tenebreuse, esblouyssement, ou mensonge. Parainsi doncques en la partie uoluntaire de nostre courage sont ces trois especes, chascune desquelles a son office propre et distingué des deux autres : scauoir est la uolunte : laquelle peult tout en un temps uouloir & ne uouloir: & ceste la est le chef & origine de ses suyuantes. Apres y a le uouloir dont ie parle: qui n'est autre chose sinon certaine disposition pour executer ceste uolunte, en tout, ou en partie: ou bien le contraire, comme quand lon n'y ueult entendre. & de ces deux s'engendre la troysiesme espece: laquelle se rendant

s ij

agreable, est dicte amour. mais si elle desplaist, necessairement la fault nommer hayne. Amour doncques (Lauinello) naist & s'engendre en la maniere que ie dy: et est en nous ou de nous la partie que ie uous fais entendre. Maintenant pour prouuer qu'il n'est point desir, ie y procederay par ceste uoye. Il est bien uray que ne scauriōs desirer chose qui ne soit de nous aymée: toutesfois ce n'est pas adire que puissions aymer chose que ne desirōs en nous mesmes: car a la uerite lon en ayme plusieurs qui ne sont point desirees: au reng desquelles fault mettre toutes celles qui sont en nostre puissance, pource que plustost n'auons fruition d'aucun obgect, qu'incontinent ne deffaille en nous le desir, par en estre deuenuz possesseurs: mais en son lieu sourt & s'engendre le plaisir. Qu'il soit uray, iamais un hōme ne desire ce qu'il possede: ains s'en delecte quād il en a la iouyssance: & toutesfois ne desiste de l'aymer, ou le tenir aussi cher qu'il faisoit au parauant. Ainsi uous en prend il, mon filz: car quand n'auiez encores l'art de uersifier ou rymer, si ne laissiez uous d'en estre amoureux, comme de chose belle & honneste: & si la desiriez grandement. mais a ceste heure que l'auez, et en pouuez user comme bon uous semble, ce desir est failly en uous: & non seulement estes satisfaict de le scauoir, ains l'aymez

beaucoup

beaucoup plus que ne faisiez premier qu'en auoir la iouyssance. Or encores uous expliqueray ie myeux ce doubte, si uoulez bien prendre garde a cõgnoistre queles choses sont hayne & crainte. Certainement encores que l'homme ne puisse craindre sinon ce qu'il a en desdaing: si est ce qu'il peult aucunesfois hayr des choses dont il n'a aucune peur, comme seroient uiolateurs des femmes d'autruy, a qui uous pourriez uouloir mal, & toutesfois ne les craindriez en aucune maniere, pource que n'auez point de femme dont ilz uous puissent faire tort. ou ainsi que ie hay de mon costé les rapteurs des richesses d'autruy : toutesfois ie ne les crains en rié, a cause que, cõme uous uoyez, ie n'ay aucuns meubles qui soyent en leur danger. Parquoy s'ensuyt que cõme hayne peult estre en nous sans crainte, ainsi amour y peult estre sans desir. Amour dõcques n'est point desir, mais autre chose. Ce nonobstãt ie ne ueuil disputer a ceste heure aussi subtilement contre uous, comme parauanture ie pourroye faire aux escolles entre les philosophes: et acquiesce si bon uous semble, qu'amour & desir soyent tout un. Mais ie uouldroye bien que me feißiez entendre, puis q̃ m'auez dict ceste nuyct en uision qu'amour peult estre bon & mauuais selon la qualite des obgectz, et la fin qui luy est donnée: pourquoy

les amoureux s'attachent par fois a des choses qui sont mauuaises et reprouuables? n'est ce pas pource qu'en aymāt ilz suyuēt plustost leur sensualité, que la raison? A cela ie luy respondy: Ie ne pēse point, pere, qu'il y ait autre cause. Quoy entendāt il poursuyuit: si donc ie demāde a ceste heure pourquoy certains autres amans se delectēt des obgectz cōuenables & dignes de louenge, ne me respondrez uous que c'est pour autant qu'ilz suyuent en aymāt plus ce que raison leur conseille, que les umbres a quoy sensualité les incline? Ouy certes, repliquay ie lors: ie le uous diray tout ainsi. Il est doncques en l'arbitre des hommes, deit il, de suyure aussi bien la raison, que la sensualité: & au contraire sensualité aussi bien que la raison. Il est tout uray (dy ie) sans point de doubte. Exposez moy dōc a present, subioignit il, pourquoy lon trouue plus mauuais que les hommes suyuent sensualité que raison? C'est pource (repliquay ie) pere, que abandonnant la meilleure partie, ilz laissent ce qui leur est propre, et s'attachent a la pire, poursuyuant ce qui n'est a eulx. Ie ne uous nye pas, deit il (filz) que raison ne soit meilleure que sensualité: mais ie uouldroye bien scauoir qui uous meut de dire que ceste sensualité n'est propre aux hommes. A uostre aduis, le sens cōmun n'est il de leur appartenance? Vous me tentez, ce dy ie
lors,

lors, a ce que ie puis apperceuoir. nonobstant ie uous obeyray. Comme le premier degré d'une montée n'en a aucun plus bas que soy, mais le second a le premier: le tiers, l'un & l'autre: & le quatriesme les a tous trois: ainsi entre toutes choses que dieu a creées, il n'y en a point de plus haulte que l'homme, pource qu'il n'est inferieur a aucune. Et pour commencer aux plus uiles, il s'en treuue de teles qui n'ont rien autre chose que leur essence toute simple, comme sont les pierres, & ce boys mort sur lequel presentement sommes assiz. Autres ont l'essence, & la uie, qui sont les herbes, & les plantes. Autres l'essence, la uie, & le sentiment, qui sont les bestes brutes. Et d'autres l'essence, la uie, le sentiment, & la raison: & en cest orde sommes nous. Pource donc que la chose moins commune aux autres especes, est dicte propre de celle qui en a le plus: comme encores que les plantes ayent l'essence, & la uie, si ne sont elles pourtāt dictes auoir autre chose que le uiure: consideré que l'essence est plus particuliere des pierres & d'autres plusieurs teles choses destituées de la uie: combien aussi que l'estre, le uiure, et le sentiment, chascun parsoy soyēt (comme i'ay dict) ottroyez aux bestes brutes: si ne dit on pourtant que ce sentiment leur soit le plus propre: consideré qu'elles ont le uiure aussi bien

S iiij

que les plantes, auec qui, & auec les pierres, elles ont l'estre en communaulte. Pareillement encores que nous soyons pourueux d'essence, de uie, de sentiment, & de raison: si ne fault il pourtant dire que l'essence, le uiure, ou le sentir, soyent propres & particuliers des hommes, pource qu'ilz sont aussi bien communs aux trois qualitez que i'ay dictes: mais lon tient que c'est la raison, de quoy n'ont part les trois autres especes faictes a nous inferieures.

S'il est ainsi, mõ filz, repliqua le sainct ermite, que la raison soit propre aux hommes, & le sentiment aux bestes, pource qu'il n'y a point de doubte que ceste partie diuine est plus perfaicte que le sens cõmun: ceulx qui en leurs amours suyuent la uoye plus louable, font office & deuoir d'hommes: & ceulx qui se laissent transporter a sensualité, poursuyuant la chose moins perfecte, font uray acte de bestes brutes. Pleust a dieu (pere) respõdy ie adõc, qu'il ne feust ainsi que proposez. & soudain il entresuyuit. Nous pouuõs dõcques en aymãt abandõner la meilleure partie, qui est nostre hereditaire, & nous attacher a la pire, qui n'est de nostre proprieté? A quoy luy fey ceste respõse: Pource que la uolunte humaine, au moyen de laquelle cela se fait ou ne se fait, est libre, & en nostre franc arbitre, elle n'est contraincte n'y forcée a suyure plustost

ceste

ceste cy que ceste la. Les bestes brutes dõc(demã-da il)peuuẽt elles en leur endroict laisser leur meilleure partie naturelle, & aller apres la plus mauuaise, estrãgere de leur espece? Nõ certes, respondy ie, pere, si elles ne sõt forcées de quelque estrãge accident, a cause que libre uolũte ne leur est concedée, mais tant seulemẽt appetit: lequel par l'instrument de sensitiue estant inuité de la forme des choses exterieures, tournoye tousiours enuirõ leur sens. Qu'il soit ainsi, encores que le cheual ne soit par son goust prouoqué a boire, si est ce que quand il uoit l'eau, il y ua, & baisse la teste pour en attirer: pour le moins si celuy qui est dessus, ne l'en garde & retire par les resnes de sa bride. O, deit sur ce poinct le sainct homme, combien eussay ie eu de plaisir, mon filz, si uous m'eussiez respõdu autrement? En uerite si nous pouuons en noz amours abandonner la meilleure partie, & nous renger a la plus uile, excedãt en cela les bestes brutes: il semble que nostre condition soit pire que la leur: & qu'elles en leur endroict operent comme plantes, et nous comme animaux sauuages: dont s'ensuyuroit que ceste uolunte franche de laquelle uous parlez, nous auroit esté donnée pour nostre mal & dommage, & non iamais pour nostre biẽ. Qui plus est, lon pourroit croyre que nature quasi se repentant

d'auoir mis tant de degrez en la montée des especes, et nous ayant creez auec cest auantage de raison, ne le pouuant plus reuoquer, nous donna ceste
liberté de franc arbitre, afin que par ceste maniere
nous mesmes rompissions uoluntairemēt ce degré,
& descēdissions a celuy des bestes brutes: qui fait,
certes, dire aux poetes que Phebus en usa ainsi a
l'endroict de Cassādra: car luy ayāt donné sciēce de
preuoir les choses a uenir, puis se trouuāt marry de
l'auoir faict, et toutesfois ne le pouuāt defaire, uoulut que lon n'adioutast foy a chose qu'elle deist. Que
uous semble de cela, mon filz? Estimez uous qu'il
soit ainsi? Asseurement, pere, repliquay ie lors. Ie ne
scay qu'il m'en peult sembler sinon ce mesme qu'il
uous semble. Ce nōobstāt uoulez uous que ie croye
que nature qui ne peult faillir, se puisse repentir de
chose qu'elle face? Non, certes, deit le sainct homme: ie ne ueuil que croyez cela: mais bien me plaist
que consideriez qu'elle qui ueritablement ne peult
forfaire, n'eust soubmis nostre uolunte a sensualite
charnelle pour nous contraindre a foruoyer & descendre en l'espece inferieure, si par mesme uoye ne
nous eust donné le pouuoir de tirer droict a la raison, pour monter a la qualité estant au dessus de la
nostre: car si elle eust faict autrement, elle se feust
monstrée iniuste, ayant es choses par elle formees
pour

pour nostre soustenemēt & usage, mis une necessité determinée de se conseruer ordinairement es priuileges qu'elle leur a donnez: & a nous qui en sommes seigneurs, voire a qui elles seruent toutes, baillé un arbitre de suyure tousiours ce q est pernicieux, & a nostre desauantage, nō iamais a nostre profit. Oultre plus ne fault pas croyre qu'encores que deuenions pis que bestes, succumbāt aux appetiz desordonnez par les tentations uigoureuses & innumerables que les sentimēs administrēt a noz ames en tous estatz, en tous lieux, & toutes saisons: que nature pourtāt nous ayt assubgectiz a libre et facile inclination des choses mauuaises, et osté le pouuoir de deuenir dieux, suyuant les bonnes & uertueuses, a quoy l'entendement adresse, & ou raison ueult que montions: car que pensez uous que soit ce miroer eternel, se monstrant iournellemēt a noz yeux, egal, certain, infatigable, et luysant cōme uous uoyez? Qu'estimez uous aussi que soyt sa sœur, laquelle ne demeure iamais en un estat? & tāt de lumieres estincellantes qui se presentēt de toutes pars enuiron ceste circumference, saincte, capable, merueilleuse, & tournoyāte a l'entour de la terre pour nous faire ueoir ses singularitez tantost d'une sorte, & tantost d'une autre? Certainement elles ne sont sinō delectations de celuy qui est seul seigneur

& moderateur d'elles, & de toute autre chose, et qui les enuoye audeuant de nous pour messagiers admonestans a l'aymer & reuerer perfaictement en noz pensées. A tout le moins les sages disent que les creatures composées de corps & ames raisonnables, prennent de leurs progeniteurs chascun son corps discordant & fragile, comme celuy qui est meslé d'eau, de feu, de terre, & d'air: mais que l'ame pure et immortele est infuse du createur, auquel tousiours elle tasche retourner, comme a celuy d'ou elle est procedée. Toutesfois pource qu'elle demeure plusieurs ans en ceste prison fermée de membres charnelz & corruptibles, ou elle ne uoit aucune lumiere de raison tant que demouros en enfance, et ou puis apres elle peult oublier l'amour diuin, se perdāt emmy les uoluptez terrestres par estre agitée d'une grand tourbe de uoluntez iuueniles : ces sages, mon filz, disent que le tout puissant par ces creatures celestes nous reclame a la bonne uoye: et que pour cest effect le soleil luyt chascun iour, les estoilles toutes les nuyctz, & la Lune tantost plus, tātost moins. Mais ie uous prye, dictes moy, de quoy peuuent seruir ces demonstrations, sinon d'une uoix eternelle, qui nous crye: O insensez, q̄ faictes uous? Helas aueugles occupez enuiron uoz beaultez faulses, uous uous paissez de uain desir, ainsi que
faisoit

faisoit Narcissus: et n'apperceuez point qu'elles ne sont fors umbre de urayes, que uous abandonnez. Helas, uoz ames sont eternelles: pourquoy dõcq les enyurez uous de delectations fugitiues comme le uent? Regardez comment nous sommes belles creatures, et pesez quel doyt estre celuy a qui nous seruons pour iamais. Il n'ya point de doute, mon filz, que si uous ostez le uoile de tenebrosité mõdaine de deuant uoz yeux, & uoulez sainement contempler la uerité: en fin uerrez que tous noz desirs plus estimez ne sont rien sinon fumée, principalement les amours, dont le seigneur Perotino et les Perotiniens sont affligez de sorte qu'ilz peuuẽt seruir de bon exemple pour faire uoir aux autres cõbien elles sont pleines d'infelicité & misere. parquoy ie les laisseray là, aussi bien que celles dont messire Gismondo a tant parlé: car quele fermeté, integrité ou satisfactiõ ont elles plus que les autres? Sachez, mon filz, que ie ne puis congnoistre, que toutes ces plaisances mortelles qui saoulẽt & enyurent noz courages, de ueue, ouye, & teles abusiõs des sentimens, mesmes qui entrent et reuiennẽt mille & mille foys auec la pensée, puissent estre bõnes & profitables, consideré qu'elles auec leurs faulses attractions, nous dominent & assubgectissent en sorte que ne pensons puis apres a autre bien: et par auoir noz yeux inclinez a choses uiles, iamais ne nous pouuons recongnoistre en nous mesmes. dont a la fin sommes transmuez en bestes brutes, et priuez de toute raison, comme si nous auions auallé du breuuage de Circe la magicienne. Il ne peult aussi entrer en ma fantasie que ces uoluptez puissent tant apporter de recreation, comme lon dit: car quand ores ainsi seroit que leur ioye ne feust faulse, si est ce qu'on ne les ueit & ne uerra lon iamais tãt accomplies en un subgect, qu'elles puissent en toutes leur parties satisfaire au personnage qui les recoit: et rares sont celles qui se peuuent acquerir sans fascheries grandes, & presque insupportables. D'auãtage elles s'alterẽt ou diminuẽt toutes par la moindre chaleur de fieure qui les assaille, ou pour le moins les années successiues emportent la ieunesse, la beaulté, la plaisance, la contenance gracieuse, les doulx propoz, les chãtz, les sons, les dances, les festins, & autres plaisirs amoureux qu'elles attirent apres elles: qui ne peult estre sinõ au grãd regret de ceulx qui les ayment & poursuyuent, uoire certes de tãt plus grief, que les poures maladuisez se sont laissez plus fort estraindre & encheuestrer. Mais si la uieillesse ne leur oste ces desirs: quele disconuenance peult estre plus grande en ce monde, que uoir l'aage meur & reposé continuer en affections iuueniles?

iuueniles? ou parmy les membres treblans & menaſſans ruyne, uoir promener les ieunes penſemens? Or ſi tāt y a que uieilleſe les oſte, quele follie eſt ce d'aymer ſi ardemment en ieuneſſe les choſes dont lon ne faict conte eſtant uieux? & croyre que cela eſt plus que tout plaiſant & profitable, qui en la meilleure part de la uie ne peult ny plaire ny aider? Certainement (mon filz) la meilleure part de noſtre uie eſt celle que nous diſons le courage : qui eſtant deliuré de la ſeruitude d'appetit, gouuerne & modere la moins bonne, qui eſt le corps : & la raiſon guyde le ſens : lequel tranſporté de la chaleur de ieuneſſe uoluntaire, ne ueult entendre a ſon conſeil, ains s'en ua par tout a l'eſtourdye, errant et trebuchant comme une beſte deſcheueſtrée. Et de cela puis ie donner bon teſmoignage, ueu que i'ay eſté ieune comme uous. parquoy maintenant ſi ie conſidere en ma fantaſie les choſes que ie ſouloye plus louer & deſirer, il m'en ſemble a ceſte heure ce qu'il fait a un homme nouuellemēt reuenu de quelque grāde maladie, a l'endroict des affections qu'il auoit en l'ardeur de ſa fieure : car il s'en mocque en ſoy meſme, cōgnoiſſant cōbien il eſtoit loing du bon gouſt, & ſain iugement : ſi que lon peult dire uieilleſſe eſtre ſanté de noſtre uie, et ieuneſſe la maladie : choſe que ſi maintenant ne pouuez cōprendre, uous la scaurez par cy apres, si uous arriuez iusques a mon aage. Mais pour retourner aux discours de uostre Gismondo, lequel a eleué iusques aux nues les passetemps des amoureux, dont le moindre ne se peult acquerir sans mille incommoditez angoisseuses: ie uous demande, quand est ce que le mieux fortuné de toute ceste troupe, encores qu'il soit au beau meilleu de ses plaisirs, ne souspire et ne se tourmente, desirāt quelque autre chose d'auantage? Ou quand aduient il que lon treuue en deux parties amoureuses celle conformité de uoluntez, celle communication de pensées, & occurrences de fortune, ou celle concorde de uie, dont il a tant longuement harangué? Quand uoit on aussi un homme qui ne discorde chascū iour en soy mesme? de sorte que s'il se pouuoit laisser, cōme deux font l'un l'autre, il en est plusieurs qui se quicteroient a tous les coupz pour prendre un autre corps, ou un autre courage. En uerité seigneur Lauinello pour entrer tout d'une uoye aux amours par uous alleguées, si elles induysoient a desir d'un obgect plus utile que celuy qu'elles presentēt, ie uous asseure qu'elles me satisferoient en partie, et passeroye quasi en uostre opinion, pourautant qu'elles peuuent cōduire l'homme a meilleure fin et moins reprouuable que celles de uoz compagnons. Mais bon amour (cōme uous estimez)

mez) n'est seulement desir de simple beaulte, ains de la perfaicte, celeste, eternelle et diuine, nō mortelle ou subgecte a changement & diminution, & a laquelle ses beaultez transitoires nous peuuent indubitablement eleuer, pourueu qu'elles soyent cōtēplées comme requierent le deuoir et la raison. Or que peult on dire en la louenge de cest amour diuin, qui ne soit plus que conuenable, & non iamais trop excessif? Certainement ceulx qui sont pris de ses doulceurs, uiuēt en ce monde comme dieux: cōsideré que les humains desprisans ces choses mortelles, semblent participer de la diuinite: car comme terriens, ilz aspirent aux choses diuines: & comme dieux, conseillent, discourent, preuoyēt, & ont tousiours leur pensement a l'eternité, qui leur fait moderer & gouuerner le uaisseau a eulx presté pour ce passage, ainsi quasi que les creatures diuines disposent des corps a elles donnez par le createur de toutes choses. Mais quele beaulte peult estre entre nous celle dōt uous auez parlé, disant qu'elle est si ioyeuse & si ample? Quele proportion a elle des parties qui se treuuēt en capacite humaine? ou quele conuenance & harmonie, si qu'elle puisse perfaictement nous assouuir de uraye satisfaction et lyesse? O filz, ne scauez uous que uostre forme corporelle n'est rien sinon ce qu'elle monstre? et que tou-

T

tes autres semblablement ne sont ce qu'ilz apparoissent par dehors: mais que le courage de chascun fait l'homme tel qu'il est, non la figure qui se peult monstrer auec le doy? Croyez que noz ames ne sont de qualité qu'elles se puissent conformer a aucune de ces beaultez terrestres, & de nulle durée, pour en attendre allegeance perfaicte: car quand uous pourriez mettre deuant uostre courage toutes celles qui sont soubz le ciel, & luy donner le choix de toutes, uoire quand bien uous auriez la puissance de reformer a uostre mode celles qui uous sembleroiët auoir default en aucun endroict: si est ce que ia ne seriez contët de cela, & ne partiriez moins triste des plaisirs perceuz de toutes ces beaultez ensemble, que faictes ordinairement de celuy que receuez en ceste uie: consideré que noz espritz immortelz ne se peuuent contenter de choses qui soyent perissables. Mais comme toutes les estoilles prennent leur lumiere du Soleil: ainsi tout ce qui est beau oultre ceste beaulté fragile, prend essence & qualité en la diuine & eternelle. Et quand aucune de ces humaines se presente aux courages ainsi rectifiez, elles leur plaisent en partie, & les contemplent uoluntiers comme figures de la uraye: mais ia ne s'en contentët ny satisfont entierement, pource qu'ilz sont curieux

&

& defireux oultre mefure de la perfection eternelle & diuine : de laquelle ont toufiours fouuenance, a caufe qu'elle les ayguillonne & ftimule d'une poincture occulte pour fe faire inceffamment chercher & querir. dont tout ainfi que quand un homme ayant grand appetit de repaiftre, furpris de fommeil, s'endort, & fonge de menger, toutesfois ne fe raffafie, pource que la uifion de la uiande n'eft fuffifante de contenter le fentiment qui cherche de fe affouuir, mais la uiande effentiale: ainfi pendant que nous amuzons a querir la uraye beaulté, & plaifir perfaict, qui ne font en ce monde, leurs umbres qui fe demonftrent en ces factures corporelles & terriennes, & aux amuzemens qui en prouiennent, ne paiffent noz courages de chofes bonnes, mais les abuzent & decoyuent : a quoy fault bien que prenions garde, afin que noftre bon conferuateur ne fe courrouce, & nous laiffe en puiffance du commun ennemy, uoyant que portons plus d'affection a une petite bouchette d'un uifage, & au delices miferables corruptibles & deceuantes, que ne faifons a celle grande fplendeur dont le foleil n'eft qu'un rayon, & a fes fingularitez ueritables, bien heureufes, & eternelles. Or fi noftre uie (mon filz) n'eft autre chofe qu'un dormir, & que

T ij

soyõs comparables a ceulx qui dormans de profond somme, songent la nuyct se leuer de grand matin, mais estans retenuz du sommeil, se lieuent & habillent en dormant, ou pour le moins prennent leurs accoustremens, & se commencent a uestir. En semblable nous abusez des imaginations & similitudes des uiures, & de leurs attractions uaines & umbrageuses, cherchons durant nostre somme nous rassasier des uiandes urayes & solides, & en tirer nostre contentemẽt, en maniere que tout en dormãt commencons a nous en repaistre, afin qu'apres nostre resueil puissions estre agreables a la Royne des isles fortunées: de laquelle peult estre uous n'ouystes iamais parler. Non certes, respõdy ie, pere, au moins que i'aye souuenance: & si ne scay quel contentemẽt uous alleguez. Ie le uous feray doncques, deit il, entendre. & pour ce faire poursuyuit·

Les antiques administrateurs des choses sainctes & sacrées ont laissé en leurs secretz plus authentiques, qu'en ces isles que ie uous nomme, se treuue une Royne singulieremẽt belle, de regard admirable, ornée de uestemens precieux, & tousiours en fleur de ieunesse: laquelle ne ueult estre mariée, mais se garde perpetuellement uierge de faict & de pensee. toutesfois il luy plaist assez que lon luy face l'amour: & a dire uray, s'en delecte: car elle
donne

dône a ceulx qui l'aymēt de bon cueur, guerdon cōuenable a leur seruice, & plus grand que celuy des autres qui ne l'aymēt que moyennemēt. Et uoicy cōmēt elle en fait preuue. Quād ses seruiteurs uiennēt en sa presence, (qui n'est sinon lors qu'il luy plaist le commāder, puis les uns, puis les autres) elle les touche auec une houssine d'or: & soudain les fait retirer. Mais si tost qu'ilz sont hors du palais, s'endorment profondement: & dure leur somme iusques a ce qu'il luy plaise les faire esueiller, & de rechef euoquer deuant elle: ou ilz comparoissent chascun portant escript en son front le songe tel comme il l'a faict. ce qu'elle lit tout a l'heure. puis bannit de sa preséce ceulx qu'elle uoit auoir songé seullemēt de chasse, pescherie, cheuaux, boys, et bestes de sauuagine: et les enuoye ueillās demourer entre elles, disant que s'ilz l'eussent aymée, pour le moins en eussent songé quelque fois. et pourtāt les ordonne uiure et ueiller parmy ces bestes. Les autres ausquelz en leurs songes a semblé marchander, gouuerner familles, communautez, ou faire autres choses pareilles, sans auoir souuenance de sa seigneurie, elle les fait en contrechange l'un marchant, l'autre citoyen, l'autre gouuerneur en sa uille, & les charge de grieues solicitudes, sans auoir gueres cure d'eulx. Mais ceulx qui ont songé demourer auec el-

T iij

le sont retenuz de sa maison a bancqueter & deuiser entre sons, musiques, & soulas de delectation infinye, les uns plus pres de sa personne, & les autres moins, selon qu'ilz ont songé en elle.

Parauanture seigneur Lauinello ie uous tien trop en cest endroict, & deuez, peult estre, auoir desormais plus d'affection ou besoing de retourner a uostre cōpagnie, que d'escouter encores mes propoz. Aussi en uerité le plus tarder uous pourroit estre moleste: car le Soleil a desia eschauffé tout le ciel, & la chaleur se ua renforceāt de plus en plus. Adonc ie luy fey ceste responsé:

Sans point de doute, pere, ie n'ay encores uolunté ny besoing de faire mon retour, pourueu seulement qu'il ne uous ennuye de parler: car il ne me souuiēt auoir trouué iour de ma uie chose qui m'ayt causé autant de bien, que maintenant i'en recoy par la communication de uostre parole. Parquoy ie uous supply n'ayez pensemēt ny du soleil qui mōte, ny de la chaleur qui se renforce, puis qu'il ne me fault que descendre, d'autant que c'est une chose laquelle se peult (comme uous scauez) faire commodement a toutes heures.

Le deuiser, mon filz, respondit le bon homme, n'a point accoustumé d'estre ennuyeux a uieilles gens, mais plustost soulagement de leur uieillesse.

D'auantage

D'auantage chose en quoy preniez plaisir, ne me sçauroit aucunement fascher : parquoy poursuyuant nostre matiere, uous direz, s'il uous plaist, au seigneur Perotino & a messire Gismondo uoz compagnõs, que s'ilz ne ueulent estre a leur resueil enuoyez ueiller entre les bestes, ilz songent doresnauant meilleurs songes: & uous aussi de uostre part efforcez uous d'en faire de plus mettables: autrement ia ne serez le bien uenu deuant la Royne des isles fortunees : consideré que ne songez gueres en elle, ains plustost sans profit, entre des uanitez abusiues, consommez le temps qui uous a esté presté pour dormir, que ne faictes en choses bonnes & utiles. Et pour conclure en un brief mot, ie uous dy que uostre amour n'est point bon: & posé qu'il ne soit mauuais, d'autant qu'il ne se mesle auec les uoluntez bestiales: si est ce qu'il default en ce qu'il ne uous tire a l'obgect immortel, ains uous tiẽt entre l'une et l'autre qualitez de desir, ou la demeure n'est asseurée, comme ainsi soit que gens rampãs amõt un riuage, tresbuchent plus facilemẽt au fons de l'eau, qu'ilz ne montent sur la chaussée. Mais qui est celuy lequel suyuãt les plaisirs d'aucũ sentiment, encores qu'il se propose n'incliner aux choses mauuaises, ne soit (pour le moins quelque fois) pris & circumuenu par deception naturele, consideré

T iiij

que le sens est tout remply d'abusions, & nous fait bien souuent sembler un mesme subgect tantost bon, tantost mauuais: tantost beau, tantost laid: tantost gracieux, & tantost despit? D'auantage comment peult estre bon aucun desir fondé sur les delectations de sensualité, aussi peu fermes que l'eau qui court, ueu que lon uoit iournellement qu'elles uiennent en desdaing quand on en a la iouyssance, & tourmentet ceulx qui ne la peuuent auoir, mesmes sont brieues, & fugitiues en un moment? Certes, mon filz, toutes les paroles belles ou fardées que les amoureux mondains cherchent & produysent curieusemet pour la defense de ces plaisirs, ne scauroient faire qu'il n'en soit comme ie dy. Toutesfois quand il aduiendroit que le penser les peust rendre continuelz, o combien seroit il moins mauuais, n'auoir l'ame celeste & immortele, que l'ayant ainsi pure & precieuse, l'encombrer & presque enseuelir en cogitations terrestres? Helas elle ne fut pas donnée à nous hômes pour la paistre de poyson pernicieuse, mais seulemet afin de la rassasier d'ambrosie salutaire: la saueur de laquelle iamais ne se gaste, ny uient par temps a contrecueur, ains est tousiours delicate le possible, & ordinairement agreable. Or ceste substance n'est autre chose sinon retourner noz pensees a dieu, qui
les

les nous dōna immaculées: et cela ferez uous asseu-
remēt, si uous retenez mes preceptes, & uenez a
considerer que ce temple sainct & sacré que nous
appellons monde, est tout remply de bonte diuine,
qui le forma par admirable conseil et artifice, rond,
& retournant en soy mesme, ayant besoing de soy,
& garny de tout ce que luy fault. aussi comme le
createur le ceignit & enuironna de la pure substāce de plusieurs cieulx, qui se meuuent tousiours
tournoiant a l'encontre du plus grand: a l'un desquelz sa maiesté assigna les estoilles fixes, pour
luyre en toutes pars: & a chascun de ceulx dont ce
ciel estellé est contenant, un planete ou estoille errā-
te: & uoulut que tous ces corps celestes preinssent
leur lumiere de celuy qui est directeur de leurs
cours, facteur du iour & de la nuyct, producteur
des temps & saisons, generateur & gouuerneur
de toutes choses naissantes. mesmes qui ordonna
pour une fois, que ces astres feissent leurs reuolu-
tions par les cercles appropriez, & accomplissent
chascun son uoyage soubz certains mouuemens di-
stinguez, l'un en un tēps court, l'autre en moindre:
puis recommenceassent tousiours au bout de la carriere. Apres comment ce createur donna lieu soubz
ces corps au plus pur element: soubz lequel il em-
plit d'air tout ce qui est iusques a nous: & au meil-

lieu de la circũference, comme en la plus basse partie, posa la terre, centre & poinct de son temple sacré: puis a l'entour d'elle espandit les eaues, qui sont elemẽt plus legier & moins graue que ceste terre, mais beaucoup plus pesante que l'air: qui n'est aussi tant subtil que le feu. En ces pensées, mon filz, ce nous sera un plaisir incomprehẽsible d'estimer par quele temperature ces quatre qualitez differentes se uont meslant l'une auec l'autre: & comme elles sont tout en un temps accordantes & discordantes. Cela faict, uostre ioye n'amoindrira calculant les mutatiõs de la lune, les circuitiõs du soleil, les tournoyemens des estoilles errantes, & la stabilité des fixes: car considerant les operations de toutes ces creatures, uostre courage se promenera par le ciel: & quasi parlant auec nature, cõgnoistrez combien est brief & fragile ce que nous aymons en ce monde: mesme que le plus long espace de ceste uie mortelle a grãd peine scauroit arriuer a deux iours les urayes annees de ces cieulx ainsi ordonnez. aussi que la moindre des estoilles que nous uoyons en nombre extreme, est plus grande que ce globe ou machine ronde communement appellée terre, par qui tant deuenons presumptueux, & de laquelle ce que nous habitons, est la moindre partie en comparaison de ce qui se treuue inhabitable. Encores

tout

tout ce qui y est, se treuue debile, peu solide, & ordinairement battu de uentz, pluyes, glaces, neiges, froid, chault, & autres passions pareilles: & les creatures uiuantes cy bas sont tourmentées souuentesfois de fieures, pleuresies, mal d'estomach, et tant d'autres inconueniens, qu'il y auroit bien a faire a les specifier: car c'est la mauuaise troupe qui nous assaillit au descouurement du uaisseau de l'antique Pandora. Mais au ciel toute chose y est saine, permanente, & pleine de perfection. aussi la mort n'y peult aller. Puis uostre delectation doublera, & aurez infiniment plus de merueille, si eleuant uostre pensée, uous passez de ces cieulx uisibles a ceulx qui ne se uoyent point, & contemplez les choses urayes contenues en eulx, montant ainsi de l'un a l'autre, iusques a la perfaicte beaulté qui leur domine, & a toutes choses creées: Car il est tout certain entre ceulx qui ont accoustumé regarder auec les yeux de l'esprit, aussi bien qu'auec ceulx du corps, qu'oultre ce monde materiel du quel n'agueres uous ay parlé, & dont chascun deuise souuent, a cause qu'il est subgect a la ueue, il y en a encores un autre non materiel ny sensible, mais pur, separé de cestuy cy, & hors de toutes ses manieres, lequel perpetuellement l'enuironne, & tousiours le rencontre en tous ses

endroictz, nonobstant qu'il soit du tout divisé de luy: car il est tout demourāt en chascune de ses parties, & si est entierement divin, tresperfaict, & tresenluminé. Voire tant plus se fait prochain de sa cause derniere, tāt plus est il en luy mesme grād & meilleur qu'il ne seroit. En ce monde la dont ie vous compte, se treuue tout ce qui est en cestuy cy: mais tant plus en sont les choses excellentes, qu'elles n'ont rien d'affinité avec celles que nous voyōs, ains pour le moins ont autant de difference qu'il y a entre les celestes & ces terriennes. Ce nonobstant sa terre est verdoyante, produysant les plantes fleuries, & soustenant ses animaux. Sa mer se mesle parmy elle. Il a son air qui l'environne. Il a le feu. Il a la lune. Il a & Soleil & estoilles, avec pluralité de cieulx. Toutesfois iamais herbes n'y sechent, plantes ny envieillissent, animaux ny meurent, mer ne s'y tourmente, air ne s'y obscurcit, feu ny brusle ou consomme, ny ses cieulx & planetes sont subgectz a tournoyemens sans pausé, ayant besoing d'aucune mutation, ny estant asseruiz aux loix d'esté, d'yuer, d'hyer, de demain, de proximité, de distance, d'amplitude, ny d'aucun default: ains ce monde invisible est tousiours content de son estat, comme celuy qui est tout plein de felicité souueraine, assez suffisante de soy, & de laquelle estant
engrossy,

engrossy, il enfante celuy que uoyez: oultre lequel si nous estimons qu'il ne puisse rien auoir, il nous aduient ce qu'il feroit a un homme né & norry dans les uagues marines, & qui n'en auroit iamais bougé: car il ne sçauroit coniecturer qu'il y eust autre chose que l'eau: ny pourroit croyre qu'il se trouuast plus belle uerdure que l'algue, champs plus beaux que greues de sable, animaux plus plaisans que poyssõs, habitatiõs d'autre maniere que roches cauerneuses, ny qu'il y eust autres elemẽs que terre & eau. Mais s'il aduenoit de fortune qu'il passast iusques a nous, et apperceust nostre ciel, noz prez, noz forestz, noz montagnes, nostre uerdure dyapree de mille sortes de fleurettes, et la diuersité des animaux, les uns procreez pour nostre norriture, & les autres pour secourir a noz affaires: apres qu'il uisitast les uilles, les maisons, les belles eglises, les artz & mestiers d'industrie, la maniere de uiure, la purité de l'air, la clairté du soleil qui fait le iour espandant ses rayons parmy le ciel, les splendeurs de la nuyct, rendant l'obscurite de l'umbre paincte & decorée d'un artifice esmerueillable, & tant d'autres beaultez exquises: certainement cest homme marin recongnoistroit assez tost son erreur, & ne uouldroit pour rien qui soit, retourner a sa uie premiere. Ainsi nous poures miserables

qui sommes enuoyez uiure en ceste boule de terre, basse, puante & limonneuse, regardons bien l'air et les oyseaux uollans en sa circunference, auec aussi grande merueille, que l'homme de mer pourroit faire les undes et les poyssons qui nagent en sa capacite: et discourons semblablement par les beaultez des cieulx qui nous apparoissent. Mais il ne peult entrer en nostre estimatiue, qu'il y puisse auoir des choses oultre celles qui nous sont congnues, plus belles, plus agreables, & plus dignes d'admiration: ou si quelque dieu nous y portoit, & faisoit ueoir ces singularitez, elles sembleroient incontinent certaines, & la uie qu'on y uiuroit, ueritable, & pleine de perfection. Puis au contraire tout ce qui est en ceste terre, estimerions seulement umbre & figure des celestes. mesmes regardant de telle serenité en ces tenebres effroyables, les hommes qui en seroient enuelopez, nous les reputerions malheureux, & aurions compassion de leur fortune, telement que iamais de nostre uolūté ne uouldrions retourner au mōde. Que uous puis ie plus dire en cest endroict, mon filz? Vous estes d'aage qui ne s'attache gueres uolūtiers a ces pēsées: et si biē quelque fois elles y ancrēt, peu souuent prennent norriture, comme il aduient des plātes en un terroer cōtraire a leur seue. Toutesfois s'il
estoit

estoit que mes propoz entrassent profitablemēt en
uostre courage, que peult on estimer que uous tant
espris de deux yeux ia occupez d'umbre de mort,
feriez pour complaire a ces eternelles beaultez
tant ueritables, tant pures, & tant excellentes? Or
si la uoix proferée d'une langue qui ne scauoit il
n'y a gueres faire autre chose que se plaindre, &
q̃ d'icy a peu de iours sera pour tout iamais muette,
uous est plaisāte et delectable: cōbiē peult on croyre que les resonnāces et melodies q̃ font sans intermission les compagnies des espritz glorifiez, uous
seroiēt cheres et precieuses? Pareillemēt pēsant aux
gestes et cōtenāces d'une simple damoyselle, qui ne
sert en ce monde q̃ d'augmēter le nōbre des autres,
uous receuez grande satisfaction en uostre cueur:
quel cōtentement pourriez uous esperer si leuant
la memoire au ciel, & laissant ces fumées inutiles,
uous passiez pur & sans tache aux beatitudes
incōprehensibles, et auiez loy de contēpler entiere-
mēt les œuures du seigneur qui regne la sus, luy of-
frāt deuotemēt uoz chastes et humbles desirs? Cer
tes mō filz ce plaisir est si grād, qu'il n'est possible
le cōprēdre, si un hōme n'en fait espreuue: et on ne
peult uenir a ce poinct pendāt q̃ l'on s'abuze apres
les uanitez mondaines. La raison est, qu'auec des
yeux de taulpe (dont noz uolūtez sont pourueues)

lon ne sçauroit regarder le Soleil. Et encores oze ie bien dire, quelque purité de courage qu'il y ait, que iamais lon ne uient perfaictement a la fruition de ceste beaulté diuine: mais tout ainsi qu'un estranger passant deuant la maison d'un Roy, posé le cas qu'il ne uoye le maistre, & ne sache s'il est Roy ou non, estime en soy que c'est le logis d'un grand seigneur, uoyant bon nombre de gentilz hommes ou officiers deuãt la porte, et tant plus en est persuadé s'ilz sont honnestes, & bien en ordre: ainsi encores que ne uoyons ce grand empereur de nul des yeux de nostre teste, si est ce que nous pouuons dire qu'il doyt estre riche & puissant, puis que tous les cieulx auec les elemens luy seruent, & sont obeyssans a sa maieste. A ceste cause uoz compagnõs feront sagement s'ilz s'employẽt desormais a faire la court a ce Prince d'aussi bonne affection qu'ilz ont par le passé faicte a leurs dames: et s'ilz ont souuenãce qu'ilz sont en un temple ou n'est plus question que d'adorer, puis qu'assez ont cõsommé de temps en follies: & qu'il est bon de despouiller cest amour faulx, terrestre & mortel, pour se uestir du uray, celeste, & qui iamais ne perdra fin. Aussi serez uous sage, mon filz, si uous suyuez cest aduertissement, pource que tout bien consiste en ce desir, et tout mal en est esloigné. Veritablemẽt il n'y a

aucunes

aucunes enuies, il n'y a point de souspecons, il n'y a nulles ialousies, a cause qu'un amant ne peult estre frustré de ce qu'il ayme, encores que plusieurs y aspirent: car ilz en peuuent tous ensemble auoir entiere fruition, d'autāt que ceste deité infinie peult contenter tout le monde du bien de soy: & si demeure tousiours ce qu'elle estoit auparauant. Lon ne procure en ses amours de circũuenir ou deceuoir autruy. lon n'y fait iniure a personne, & a nul se faulse la foy. mesme lon n'y machine ou souhaicte rien qui ne soit bon & conuenable, & (qui plus est) ne s'y concede chose qui ne soit entierement honneste, ains est le corps de tout amoureux appaisé de certaine suffisance, comme Cerberus seroit d'une soupe qui le garderoit d'abayer. Pareillement est exhibé au courage ce que plus affectueusement il desire. La n'est a aucun defendu de chercher la chose qu'il ayme. Iamais ne luy est osté le pouuoir de peruenir a la felicite qu'il a pourchassee en aymant. Lon n'y ua par eau, ne par terre. Lon n'y saulte toict ny muraille. Il n'y a besoing d'armures, ny de guydes ou de heraultz, cõsideré que dieu est ce q̃ peult uoir toute creature qui le desire. La n'y a debatz ne rancunes, hontes, repentances, mutatiõs, ioyes abusiues, esperãces uaines, douleurs, craintes, ny telles choses. La n'ont pouuoir fortune ou acci-

v

dent:mais tout y est remply d'asseurance, de contentement, de tranquillité, & bon heur. Aussi les choses d'icy bas, que les hommes appetēt tant, & pour la consecution desquelles lon uoit si souuent aller ce monde le dessus dessoubz, mesmes les riuieres courir toutes rouges de sang humain, & la mer aucunesfois en estre taincte (ce que nostre siecle miserable a ueu souuent a sa grande ruine & desolation, & uoit encores de iour en iour) i'entens les empires, royaumes & seigneuries, ne se cherchent par ceulx qui ayment la sus, non plus que chercheroit un qui auroit grand soif, l'eau d'un ruysseau trouble & marescageux, s'il en pouuoit a son gré auoir d'une pure fontaine. mais au contraire, si pouretez, bannissemens ou oppressions suruiennent, comme lon uoit d'heure en autre aduenir, l'amoureux de ceste beaulté diuine les recoyt en ioyeux uisage, sachant que quelque simple drap qu'il ayt pour couurir sa personne, quelque terre qui le sustente, ou quelque poure maison qui le loge, cela ne luy peult preiudicier, pourueu qu'il ne face tort a son ame de la richesse qui luy est hereditaire, & ne la priue pour le peu d'amour qu'il luy porte, de son pays propre & naturel, & de sa liberté tant chere. Et pour le faire court (mon filz) cest amoureux ne se presente aux estatz & grans honneurs de ce monde, de, qui sont tant doulx aux autres hommes: & ne refuse despiteusement de uiure en amertumes & angoisses, ains demeure temperé entre l'une & l'autre maniere, autant de temps comme il plaist au seigneur qui l'a enuoyé en ce monde. Plus ou les autres amoureux tousiours en frayeur de la mort, come de celle qui est dissipatrice de tous leurs plaisirs & delectations, ou arriuez a ce pas, tirent oultre a force & a regret: le seruant de ceste beaulté celeste, y court ioyeux & uoluntiers si tost qu'il y est appellé, luy semblant qu'on le mect hors d'une prison melancholique et miserable pour le restituer en son logis comblé de perfaicte lyesse. Mais que scauroit on dire de ceste uie que nous passons en uoyageãt, sinon qu'une infinite d'ennuyz nous y assaillẽt chascun iour & de toutes pars, uoire qu'il s'y faict infinies dures departies des choses que plus desirons, mesmes qu'il y suruient maintes especes de mort estranges, lesquelles rauissent & emportent ceulx a qui nous portons meilleure affection: et que finablement il y abonde à toutes heures innumerables nouuelles occasions de tristesses, parauanture procedãtes des causes dõt nous esperiõs pouuoir tirer plus de plaisir. Ne dirons nous qu'on la doyt plustost appeller grieue mort, q̃ delectatiõ de uiure? Vous scauez mon filz par uous mesme, si ce q̃ i'en

V ij

dy, est uray ou non. Quant a moy, une année m'en
dure mille que mon ame se puisse despouiller de la
couuerture de ses mēbres, afin que uollāt hors ceste
prison, elle retourne d'ou elle ueint premieremēt, et
quicte pour iamais ceste place tāt pleine d'abus &
de trōperie: Car ie desire de tout mon cueur ouurir
les yeux qui se ferment en ceste fumée, pour contempler auec leur ayde la beaulte inexplicable de
qui (par sa doulce mercy) long temps a que suis seruiteur. Et si bien ie suis uieil, comme uoyez, il ne
me tiendra pourtant en moindre estime, & ne me
desprisera en aucune maniere, encores que ie uoyse a luy uestu de drap de grosse laine. Toutesfois
certes ie n'y porteray pas cest habit, ny uous le uostre, puis qu'homme partant de ces lieux n'est paré
seulement que de ses amours: lesquelles si elles ont
esté dediees a ces beaultez terriennes et corruptibles, ia ne peuuent uoller la sus, mais demeurent en
la bourbe dont premierement furent engendrées:
& tourmentent leurs norrissiers, comme les desirs
ont apris de molester ceulx qui n'en peuuent auoir
aucune iouyssance. Mais si elles ont esté employées
apres les perfections diuines, elles donnēt du plaisir
plus grād qu'on ne scauroit pēser, pource que quād
noz espritz sont peruenuz a ce bien, ilz en iouyssent entierement. Pourtāt doncques Lauinello, que

la

la demeure au royaume des cieulx est eternelle, il fault necessairemēt croyre que l'amour est bon, duquel on peult iouyr a perpetuité: & que l'autre est extremement mauuais, qui nous condemne a uiure sans fin en peines & douleurs malheureuses. Ces choses dictes par le sainct homme, pource qu'il estoit temps que ie m'en retournasse, il me donna gracieusement congé.

Quand le seigneur Lauinello eut raconté tous ces propoz, sur ce poinct termina son dire.

F I N.

Le traducteur aux lecteurs.

Ie pense bien, messeigneurs, que plusieurs s'esmerueilleront de ceste miēne traduction, s'ilz uiennent a la conferer auec l'œuure de monsieur Bembo faicte de l'impreßion d'Alde en l'an mil cinq cens & quinze: car ilz trouueront qu'il y a beaucoup de difference en diuers endroictz & passages. Mais s'il leur plaist considerer que depuis ce tēps elle a esté trois ou quatre fois reimprimée, & que ledict seigneur Bembo en a expressemēt osté plusieurs choses qui luy sembloiēt superflues, mesmes que la derniere impreßion (laquelle i'ay suyuie) est de l'an mil cinq cens quarante, faicte (cōme il est a presupposer) soubz son auctorite & licence: mon opinion est qu'ilz ne diront que i'aye en cest endroict fai⟨ct⟩ tort a l'aucteur. De quoy ie uous ay bien uoulu aduiser, afin que si quelcun ueult prendre la peine de conferer mon lãgage frãcois auec l'italien, qu'il se serue de l'impression sur laquelle ie me suis fondé: & i'espere qu'il trouuera que ie n'ay laissé aucune partie de l'intentiõ dudict seigneur Bembo, mais que suyuãt la proprieté de nostre commun parler, i'ay fidelement representé son dire.

Imprimé a Paris par Michel de Vascosan, l'an mil cinq cens X. L V. au moys de Iuing.